光明社科文库
GUANGMING DAILY PRESS:
A SOCIAL SCIENCE SERIES

·政治与哲学书系·

养气与称义
——儒耶人格养成论比较研究

周玄毅 | 著

光明日报出版社

图书在版编目（CIP）数据

养气与称义：儒耶人格养成论比较研究／周玄毅著. --北京：光明日报出版社，2023.3
ISBN 978-7-5194-7106-4

Ⅰ.①养… Ⅱ.①周… Ⅲ.①儒家—哲学思想—研究 ②基督教—宗教哲学—研究 Ⅳ.①B222.05 ②B503

中国国家版本馆CIP数据核字（2023）第045169号

养气与称义：儒耶人格养成论比较研究
YANGQI YU CHENGYI：RUYERENGE YANGCHENGLUN BIJIAO YANJIU

著　　者：周玄毅	
责任编辑：杨　茹	责任校对：赵海霞
封面设计：中联华文	责任印制：曹　诤

出版发行：光明日报出版社
地　　址：北京市西城区永安路106号，100050
电　　话：010-63169890（咨询），010-63131930（邮购）
传　　真：010-63131930
网　　址：http://book.gmw.cn
E - mail：gmrbcbs@gmw.cn
法律顾问：北京市兰台律师事务所龚柳方律师
印　　刷：三河市华东印刷有限公司
装　　订：三河市华东印刷有限公司
本书如有破损、缺页、装订错误，请与本社联系调换，电话：010-63131930

开　　本：170mm×240mm	
字　　数：113千字	印　　张：11.75
版　　次：2023年3月第1版	印　　次：2023年3月第1次印刷
书　　号：ISBN 978-7-5194-7106-4	
定　　价：85.00元	

版权所有　　翻印必究

目 录
CONTENTS

第一章 绪论：比较哲学论域中的儒耶人格养成论问题 ……… 1
  第一节 人格养成论视角下的儒耶比较 ……………………… 1
  第二节 以"养气"和"称义"为核心的比较思路……………… 8

第二章 儒耶人格养成论的形成期 ……………………………… 18
  第一节 孟子的"知言养气"与保罗的"因信称义"………… 18
  第二节 "义/利"与"义/罪"的两个概念框架 …………… 39

第三章 儒耶人格养成论的中古转型期 ……………………… 59
  第一节 性恶论对"知言养气"进路的挑战 ………………… 60
  第二节 二元论对"因信称义"进路的挑战 ………………… 76
  第三节 宋儒对"知言养气"的继承与发展 ………………… 98
  第四节 经院哲学对"因信称义"的继承与发展：以阿奎那为例…
    ……………………………………………………………… 120

第四章　儒耶人格养成论的近代转型期 …………………… **136**
  第一节　王阳明的修养功夫论对"养气"说的改造与重建 …… **138**
  第二节　路德的称义神学对保罗传统的回归与重建 ………… **156**

第五章　余论：儒耶道德自觉性的特殊模式 ………………… **168**

第一章

绪论：比较哲学论域中的儒耶人格养成论问题

第一节 人格养成论视角下的儒耶比较

当代西方哲学正在寻找新的目标和方向，而中国哲学经过明清之际以来对西学的吸收和改造，也已经积累了丰富的思想资源和寻求突破的动能。中西比较哲学研究，必将成为21世纪哲学创新的重要增长点和突破点，为中西文化交流提供坚实的理论基础，也为中华民族精神家园的重建提供参照和动力。

在西方，以1923年马森·乌赛尔（Paul Masson-Oursel）《比较哲学》（*Comparative Philosophy*）（London, K. Paul, Trench, Trubner & Co.; New York, Harcourt, Brace & Co., 1926）的出版，以及1939年夏威夷第一次东西方比较哲学会议为标志，比较哲学开始成为主流学界必须认真对待的问题。而在接下来的20世纪50—60年代，随着利亚特（Kwee Swan Liat）的《比较哲学的方法》（*Methods of*

Comparative Philosophy）（Leiden：Leiden University Press，1953）、马森·乌赛尔的《真正的哲学是比较哲学》（*True Hilosophy is Comparative Philosophy*）（Philosophy East and West，vol. 1，No. 1，Apr.，1951）、摩尔（Charles A. Moore）的《比较哲学的关键》（*Keys to Comparative Philosophy*）（Philosophy East and West，Vol. 2，No. 1，Apr.，1952）、拉贾（Poolla Tirupati Raju）的《比较哲学导论》（*Introduction to Comparative Philosophy*）（Lincoln：University of Nebraska Press，1962）、罗桑（Laurence J. Rosan）的《中西比较对于比较哲学是富有成效的吗？》（*Are Comparisons between the East and the West Fruitful for Comparative Philosophy*？）（Philosophy East and West，Vol. 11，No. 4 Jan.，1962）等一系列专著和论文的问世，比较哲学的概念、方法和价值等基本问题得到了系统的阐述，确立了其作为一个独立哲学门类的地位。

20世纪80年代至今，又有印度学者雷迪（Karan Reddy）的《东西方哲学导论》（*Eastern and Western Philosophy：An Introduction*）（Deli：Bharatiya Vidya Prakashan，1980），日本学者中村元（Hajime Nakamura）的《比较的观念史》（*A Comparative History of Ideas*）（Delhi：Motilal Banarsidass Publishers，1992）等系统性著作的出版。相关探讨也更加深入和具体，进入专门问题和典型人物的比较。比如，以问题为核心的研究，就有关于中西哲学的身心问题、唯心主义问题、存在的意义问题、思想范畴、自我/真理与超验性、价值基础、道与西方哲学、中国哲学与分析哲学、早期希腊哲学与中国传统理性思维等一系列的比较。以人物为核心的，则有孟子与托马斯·阿奎那（St. Thomas Aquinas）、王阳明与卡尔·巴特（Karl Barth）、朱熹与怀特海（Alfred North Whitehead）、杜威（John Dewey）与孔子、怀特海与孟子等各种类型和角度的对比。

差不多同时代的中国学者，对于比较哲学的研究，也有着很强的文化自觉性。梁漱溟的《东西文化及其哲学》、牟宗三的《中西哲学之会通十四讲》、唐君毅的《中国文化之精神价值》等专著，都是中国学人以世界的、比较性的眼光反观中国文化的代表之作。近年来，更是有层出不穷的深入各专题的比较研究，预示着这一领域的广阔前景。

而随着中西比较哲学研究的深入，儒耶比较作为其核心问题的意义也逐渐显现。

这不仅是因为，儒家与基督教思想，分别长期占据中西方传统文化的主流意识形态地位。更是因为，二者各自融合了佛学与道家、希伯来与希腊哲学中的思想精髓，成为进行中西哲学比较研究时理论内涵最丰富，也最具现实意义的主题。而且，二者的比较既可以是整体的和宏观的，也可以是针对个别问题和具体人物的，两种类型的比较研究各有其意义。一言以蔽之，比较哲学是哲学学科的一个增长点，而儒耶比较，又是比较哲学研究领域的热点之一。

而在一派欣欣向荣的景象中，有一个本该是根本问题的重大议题，并没有得到充分阐述。这就是"人格养成论"层面的儒耶比较问题，这有多方面的原因。

首先，"人格养成论"并非专有名词，它泛指一切有关"什么是理想的道德品质"，以及"如何达至这种理想人格状态"的学说。可是，这个看似有些模糊的说法，比任何诸如"道德修养"①或者"人性论"之类的说法，都更为直接地反映了儒家与基督教思想的原点：该做一个什么样的人。这本该是儒家与基督教思想最基本、最重要，也最具直观可比性的问题。

无论是孔子的"斯文在兹"还是耶稣的"道成肉身"，儒家与基督教在宗教、道德、性情这三个意义上的修养进路，都足可以相互印证和借鉴。但是，从明末天主教与儒家传统的第一次会通起，儒耶比较的焦点，就更多地集中在礼仪与义理问题上。而综合了内外两个维度的"人格养成论"，并没有理所当然地成为一个核心问题。

其实早在1630年，明末来华耶稣会士高一志就以"西学修身"为名，移译刊印了亚里士多德的《尼各马可伦理学》。表现出以"修身"视角追求与儒家会通的自觉性。但是除此之外，儒耶对话并没有以修养为主线展开。牟宗三认为，中西哲学分野核心在于"知识中心"与"生命中心"之别，今天也有学者重申，

---

① 本书的英文标题用的仍然是 moral cultivation，因为 personality 这个概念除了"人格"之外还兼有"个性"的意思，容易造成歧义。事实上，说本书的主题是"儒耶道德修养论比较"亦无不可，只是又容易给中文读者造成另一个误解，就是以为接下来要谈的是具体的修身养性的方法。然而我们的主旨，比较偏重的是道德的"元问题"。所以还是使用"人格养成论"这个更为根本的概念为好。

中西方道德哲学的"德性论"与"修养论"差异。① 按照安乐哲（Roger T. Ames）的说法，西方人是"真理追寻者"（truth seekers），而中国人则以"修身"（self-cultivation/creativity）为主要责任②。言下之意，既然"修身"只是中国哲学或者说世俗伦理学说所重视的，那么它当然不应该成为儒耶比较的一个重要议题。

不过在笔者看来，是否重视人格养成，并不是中西的区别，也不是基督教传统与古希腊的区别。基督教虽然并无涵养工夫的"修身"之谓，但不乏与儒家心性修养工夫论相类似的"灵修"传统（新教与天主教的灵修传统大有区别，这里取其泛指之意）。若按知识与生命、德性与修养、追求真理与修身这样的二元对立，来分裂地理解儒家与基督教思想，儒耶对话就难免变成自说自话，无益于思想会通和相互启迪。但是，如果引入"人格养成论"这个更具共性的视角，则可开辟出一个更深入阐发各自人性论的和而不同的境界。

具体来说，首先，中西学术传统长期以来形成的不同范畴体系，相互之间并没有严格的对照关系。比如，经、史、子、集就不能强行用来对西方经典归类；而基督教的系统神学、神哲学、灵修学、教牧学等约定俗成的学科领域，如果硬要对应儒家思想

---

① 沈顺福. 修养与德性——兼论修养伦理 [J]. 人文杂志, 2009（5）：68-74.
② 胡治洪, 丁四新. 辨异观同论中西——安乐哲教授访谈录 [J]. 中国哲学史, 2006（4）.

的各个因素，也会有非驴非马之感。① 如果按照现代意义上的宗教、道德、性情等概念，对儒耶传统中的人格养成论分别拆解之后再进行比较研究，则不但没有解决问题，反而使问题加倍。所以更适合的研究方法，是沿用它们各自的传统概念，在"人格养成"这个具有总体统摄性的总纲下进行比较。

其次，之所以选择"人格养成论"这个总纲，是因为它比道德伦理、宗教性与超越性等传统论题更根本。人类超越性的道德实践，与自然物之运作的根本区别就在于，后者的"目的因"和"动力因"都可以归结为它的"形式因"，前者却必须区别对待。② 因为自然物的实然与应然不存在分裂；而形式（决定人之为人的道德标准）虽然也规定了人类的本质，但是由于人在本性上永远都是"不是其所是"和"是其所不是"的超越性的存在者，其"实然"与"应然"并非天生就是一体，所以就必然存在着从应然的抽象原则到实然的具体行为，将"形式因"（道德规

---

① 这方面最典型的一个例子，是"中国有没有哲学"这个老生常谈的论题。中国当然没有西方意义上的哲学，因为后者本来就是自己独立发展出来的，但是中国当然有"最高抽象层面的学问"，因为这是人类思想的共性。只有以"哲学"这个概念的普遍意义来看，中西比较哲学才是成立的。否则，如果只是以既定的西方哲学史意义上的"哲学"来套中国哲学，也就是把中国哲学一一归类到西方哲学独立形成的各个范畴里，难免总有格格不入的感觉。当然，笔者并不反对这种比较，因为，"你所说的A，就是我所说的B"这种"直译"的思路，是一切异质文化相遇时的本能反应。但这毕竟只是第一步，在"A即B"之上，我们还需要找到更高的概念来进行整合，这才是所谓"和而不同"。
② 明末耶稣会士在会通理学与基督教世界观的时候，就使用了"四因说"来解释儒家的天理与天性之说。儒家的理、性、气、天人合一等概念，分别对应着动力因、形式因、质料因和目的因。

范）和"目的因"（道德理想）切实转化为"动力因"（道德情操）的问题，这也就是人格养成的问题。

我们完全有理由相信，无论是儒家还是基督教，原本关注的都不是抽象的玄思与理论架构，而是围绕道德品质培育展开的"人格养成论"。然而后世的研究者，往往会囿于自身的纯理论兴趣而忽视这一点。无论是儒家的修养工夫论，还是基督教的灵修学，都没有得到理论界的足够重视，更不用说在人格养成论的同一平台上进行比较研究了。即使有类似课题，也主要还是从人生观（人性、人的意义和价值、精神生活的目标等问题）方面进行生命之"学问"的探讨，并不具有人格养成论的"动力因"维度。而这种不能令人满意的现状，正是笔者意图进行弥补和改进的。

笔者认为，不论是儒家的修身还是基督教的灵修，"异中之同"都在于理想人格之养成。而人格养成论，恰是伦理学中解决"为什么要有道德"（why be moral）这个元伦理问题的特殊分支。它旨在构建实践道德规范的"动力因"，即通过对道德情操的培育，使人的实然（真实愿望）与应然（道德理想）统一起来。

总的来看，儒家与基督教分别在先秦和使徒时代，通过强调道德的内在性、自足性和必然性，对各自传统中的"气"（先秦的自然气论）与"义"（希伯来与古希腊传统的正义论）的概念进行了改造，形成了分别以"养气"和"称义"为核心的人格养成学说。这两个传统由孟子和保罗（St. Paul）各自开创，通过不绝如缕的孟子学与保罗学研究得到传承，并在宋明理学和新教神学中得到复兴。通过对二者的对比，我们既可以发现儒家与基督教在"人格养成"问题上以"自然→人为→必然"为进路，达至实然与应然相统一的共通之道，也可以看出二者在方向、方法和维度上的根本性差异。

总之，比较哲学是哲学的新增长点，儒耶比较是中西比较哲学的核心论域，而人格养成论，则是儒耶比较本应最重要，却往往被忽略的核心议题。"养气"与"称义"，又是儒耶人格养成论中最关键的概念。因此，笔者将以"养气"和"称义"为核心，从人格养成论的角度进行比较研究，给我们理解儒家与基督教提供一个互镜的角度。

第二节　以"养气"和"称义"为核心的比较思路

一、儒家"心性论"和基督教"人性论"的会通

如果我们不愿接受那种"神道设教"式的，从超越的维度为道德寻找依据的前现代思路。那么相应地，在有关人格养成问题上的很多传统理解，也都应该受到质疑。也就是说，现实的人性之"应然"，并不直接来自作为更高存在的"实然"，不管这个实

然指的是自然,还是至上人格神的意志。

但是,这种理论意义上的否定,也同时暗示着一条新的出路。也就是前面提到的,以文化心理的"动因"或者说"动机"(motivation)视角,审视超越维度对于道德人格之养成的意义,探查实践道德终极理想之"幾"。而这就需要对儒家的心性论,以及基督教的人性论进行深入的对比研究。

儒家心性论始于先秦,由孟子创始而荀子集成。经过汉唐的曲折,复又盛行于宋明。经过从程朱理学到陆王心学的发展,最终被现代新儒家进行了道德形而上学的改造与强化。1958年元旦,新儒家代表人物发表的《为中国文化敬告世界人士宣言》明确声称,"中国学术文化当以心性之学为其本原",心性论的地位可见一斑。而进一步说,儒家心性论具有本体论、人性论和修养论的三重含义,修养工夫是重中之重。

基督教的灵修史,可分为殉道见证、沙漠苦修、修道院生活、宗教改革、清教徒运动、福音派运动这几个阶段,各阶段都有完全不同的灵修形式。

总的来说,因为基督教的人性论,是以在神面前"称义"为指向的,所以围绕原罪与救赎展开的"称义神学",才是其典型表达。然而,以"人格养成论"这个视角观之,无论是儒家心性论,还是基督教称义神学的人性论,至少就其本意而言,都是作为一种实践意义很强的人格养成论存在的。当我们将儒耶传统中具有相似地位的大思想家进行对比时,就会发现,无论是孔子与耶稣、孟子与保罗、朱熹与托马斯·阿奎那、王阳明与马丁·路德（Martin Luther），他们共同的理论基础，无一不是充沛的道德使命感和强烈的生命意识。因此，以"人格养成论"这个视角，来会通儒家心性论与基督教的称义神学，是具有重要意义和较强可操作性的。

　　需要再次强调的是，之所以要用"人格养成论"这个较为泛化的概念，是因为诸如"修养""工夫""灵修"等专有名词，在儒家与基督教的传统中，各自都有丰富且独特的思想内涵。用其中的任何一个统摄对方，都难免会有附会之嫌。但是有一点疑问是共通的，那就是儒家与基督教，最初都不是理论之学，而是性命之学，对于如何培育心性，或者说如何促成人性中的"道德动因"，二者都进行过深入的阐述。

　　笔者认为，以前的相关研究，都过于关注儒家与基督教在道德哲学领域如何"把话说圆满"，也就是过于关注道德形而上学与系统神学。但是，对于"如何培育道德的人"这个"动力因"的阐述，普遍缺乏重视。而后者才是那些原创性的儒家与基督教大思想家们真正的旨趣所在。因此，我们要达到的第一个目标，就是要引入"人格养成论"这个新视角（严格来说这是一种对先哲本义的重申），对儒耶的心性论、人性论、修养工夫论、灵修学等重要领域的学说进行会通。

二、养气与称义：儒耶人格养成论的核心概念

自从利玛窦明确提出附儒、补儒、超儒的传教纲领以来，儒家与基督教的文化张力，就一直是中国学者必须面对的一个重要问题。时至今日，围绕中国与西方、传统与现代、世俗与宗教、复古与开新、民族主义与普世价值等问题的争议，大都可以在儒家与基督教的传统中找到其思想根源。

然而毋庸讳言，面对近代以来的西学东渐潮流，儒家大体上是处于被动回应的状态。基本上是西学里有什么，我们就要找出一个相应的东西来证明自己也有，甚至更好。形象地说，儒耶对话的平台往往并不是"平"的，而是一方面基督教在追求"附儒→补儒→超儒"，另一方面儒家在力证其独立性（也就是不可"附"）、完善性（也就是无须"补"）和超越性（也就是没法"超"）。其结果可想而知——最多是反过来论证"我方并不缺乏，而且比你更好"，但总归还是一种回应性的思路。而这种事实上的，隐蔽的不平等性，是儒耶比较研究中一个很值得注意的问题。

究其原因，秉承古希腊哲学逻各斯（语言）中心主义传统的基督教哲学，本来就比较重视建构逻辑自洽、体系完备的抽象理

论学说，这也正是为什么牟宗三将其视为"离教"的原因之一。①而以生存论为中心的儒家学说，即便在其最重视的道德哲学领域，从道德形而上学的层面上说，也很难找到与基督教对等的理论对话平台。然而，在追求道德"动力因"，提供整全的人生观方面，儒家与基督教是并无高下之别的。有鉴于此，"人格养成论"这个以"道德动力因"为研究重点的思路，可以拉平儒家与基督教在理论研究方面的地位差异。

那么，什么样的核心概念，足以总括儒耶人格养成论的关键，并且可以借此进入平等、深入、有建设性的比较研究呢？笔者认为，是儒家的"养气"与基督教的"称义"这对概念。在儒家与基督教哲学的发展史中，有三个类似的阶段，都体现出"养气"与"称义"这对母题的清晰发展脉络。

（1）形成期。这一时期的儒家与基督教面对着相似的问题，也就是如何发展并超越其文化母本，在竞争性的各类思潮中确立自身地位。我们主要研究的对象是先秦儒家（以孔子—孟子—荀子为主线）和使徒—教父时代的早期基督教（以耶稣—保罗—奥古斯丁为主线）；

在这一阶段，"养气"与"称义"这对概念，始见于孟子的

---

① 有趣的是，牟宗三之所以认为儒家虽然没有宗教仪式，却仍然是一种宗教，而且是更高意义上的"圆教"，恰恰是因为它把宗教仪式变成了日常生活人文道德方面的礼仪，是将终极关怀化成为修身成德的涵养工夫。这一方面说明，"人格养成"是儒耶比较的最大公约数；另一方面也说明，他的思路仍然是在对"儒家是不是宗教"这个挑战进行应战。

<<< 第一章　绪论：比较哲学论域中的儒耶人格养成论问题

"知言养气"和保罗的"因信称义"学说，这也公认是他们各自学说中最重要和最难懂的部分。在《孟子》和《新约》的保罗书信中，孟子将"气"这个古老的自然哲学概念，发展为"养气"的人格修养论；保罗则将《旧约》所强调的"义"（just），转变为《新约》所强调的"称义"（justified）。就人格养成论而言，以上这两位开创性人物最重要的贡献，就是通过提出"养气"与"称义"的学说，实现了从被动到主动的道德主体性的构建，也为后世的相关探讨确立了基本范式。

（2）中古转型期。这一时期儒家与基督教面对的核心问题，分别是如何适应"由封建而专制"（儒家）和"由专制而封建"（基督教）的社会转型①，应对新兴宗教的挑战（佛教与伊斯兰教），确立并且维系自身的主导意识形态地位。我们主要的研究对象，是汉—宋儒学（以董仲舒—韩愈—周敦颐—二程—朱熹为主线）与公元4世纪之后作为国教的基督教哲学（以奥古斯丁主义与托马斯主义为主线）。

在这一阶段，虽然都经历了诸多反复，但是最终，宋儒的心性论，又回到了"养气"说注重内在超越性的正统。而以奥古斯丁等拉丁教父为代表的基督教教父神学，则以神恩独作的原罪与救赎思想，贯彻了对于"因信称义"的重视，开创了极具特色的忏悔与灵修之路。这两条线索，明确显现出"养气"与"称义"

---

① 对于"封建"概念的拨乱反正，冯天瑜先生的《"封建"考论》已有成说，这里就不再赘述了。

作为儒耶人格养成论的核心概念的重要地位。我们可以在对二者的比较研究中，发掘出共同的道德"动力因"意义，消除囿于纯理论的习惯所造成的一些误解（比如，言与气、信与义的逻辑关系等）。

（3）近代转型期。在这一时期，儒家与基督教同样面对着相似的主题，也就是如何打破僵化格局返本开新。我们主要的研究对象，是陆王心学的革新与欧洲宗教改革思潮的对比。

在这一阶段，儒耶传统同样表现出彰显主体性的启蒙色彩，以及返本开新的思想进路。最具有可比性的，是王阳明与路德在这个问题上的相关阐述。当然，养气与称义学说在各自思想传统内部所受到的质疑，也是值得回应的。并且恰恰是经过这些质疑之后，围绕这两个核心概念的儒耶人格养成论思想的总体脉络，及其历久弥新的现代意义，才得以更为清晰地呈现出来。

三、研究重点：方向、进路、维度上的区别

如前所述，理论研究者往往会忽视的一个问题是，"儒学"并非儒家之全部，正如建立某种神学体系，也并非基督教本来所要追求的东西。任何僵化的理论，都不能涵盖"人格养成"这个鲜活的主旨。更何况，儒家修身工夫论蔚为大观，如静坐、存养、自省、慎独、主敬、致诚等都有极其丰富的内容；基督教的灵修生活也千姿百态，如祈祷、警醒、怜悯、谦卑、温柔、退

隐、禁食、默想等都有特定语境下的内在指涉。因此，如何以"人格养成论"这个线索，既涵盖自孟子学至阳明学，自保罗至路德神学的儒耶主要思想家，并使他们在一种"对观"的意义上促成相互的深入理解；又要尽可能多地涵盖除纯理论之外的修身工夫论与灵修学因素，使儒耶传统在生存论的意义上真正"活"起来，彰显其永恒的现代性和当下性，这既是重点，也是难点。

好在，六经虽是"先王之陈迹"（庄子语），但毕竟有迹可循；儒家与基督教学说虽然体系庞杂且各执一端，但是只要抓住了以"养气—称义"为核心的人格养论这个关键，也就不会偏离其宗旨太远。而且，当我们以这个视角来重新审视儒耶传统的创生、发展和流变时就会发现，两个看似截然异质的文化传统，在其各个历史阶段，几乎总有可以放在同一平台上形成对照，进行有意义的深入比较的思想和人物。比如，孔子之于耶稣、孟子之于保罗、朱熹之于阿奎那、王阳明之于路德。将可资比较的儒耶思想置于以"养气—称义"为核心的"人格养成论"的同一平台进行理解，这也正是儒耶"会通"的应有之义。

总的来说，儒耶"人格养成论"的共性是实现道德的内在性、自足性和必然性，但是二者在方向、方法和维度上都存在着深刻的差异：

（1）在道德义务（君子/成圣）和道德理想（圣人/得救）上，儒耶人格养成论存在方向性的区别；

（2）在性善与原罪的不同理论背景下，儒耶人格养成论存在

"直养而无害"和"俯就卑微"的进路上的区别；

（3）由于自然性与超越性的维度不同，儒耶人格养成论存在"自然—人为"与"原罪—恩典"的维度区别。

而综合以上三点，在这里可以看出清晰的两条主线：

儒家：实然/自然→应然/人为→必然/对自然善性的道德自觉（反躬自省）

基督教：实然/原罪→应然/恩典→必然/对自然罪性的道德自觉（因信称义）

也就是说，以自然为本位的儒家人格养成论，是以自然本性作为人的实然，以圣人之言传身教作为人的应然，再通过对自然善性的内省以获得道德自觉，实现圣人之教（应然）与自然本性（实然）的融合，达到内化于心且外化于行的道德必然性境界。

而在以上帝为本位的基督教人格养成论中，人的"实然"对应的是原罪，这并不是自然而然的东西，而是人类始祖悖逆造物主的结果。在败坏了原本完美的创造之后，这种不完全性，也就成了人类新的"实然"状态。处在这种犯罪且无法依靠自身力量补救的境地中，人的"应然"也就只能是通过认罪和祷告寻求神的恩典。为了坚固这种全然交托给超验维度的"信德"的坚定性，就要强调人性的绝对败坏和救赎的神恩独作，以及高举圣经、信仰、恩典之地位的原则，而这也正是从保罗到奥古斯丁，从马丁·路德到加尔文一以贯之的基督教精神主线。

总之，儒耶人格养成论在方向、进路、维度上的区别，是接下来的研究中特别要注意的。我们有理由相信，以"人格养成论"这个在中西比较哲学中具有重要意义却又长期被忽视的视角，围绕"养气"与"称义"这两个最核心的概念，对儒家与基督教哲学关键时期、关键人物的关键思想进行对照性的重新审视、梳理和发掘，能够为方兴未艾的比较哲学研究开拓新的领域，也为当今中国精神文化建设提供具有返本开新意义的重要思想资源。

第二章

儒耶人格养成论的形成期

第一节 孟子的"知言养气"与保罗的"因信称义"

如前所述，人格修养旨在构建实践道德规范的"动力因"，即通过对道德情操的培育，使人的实然（真实愿望）与应然（道德理想）统一起来。为此，孟子和保罗通过强调道德的内在性、自足性和必然性，对各自传统中的"气"与"义"概念进行了改造，形成了以"养气"和"称义"为核心的人格修养学说。通过对比，我们既可以发现二者在人格修养问题上以"自然→人为→必然"为进路，达至实然与应然相统一的共通之处，也可以看出它们在方向、方法和维度上的根本性差异。

总的来说，我们完全有理由相信，由于这些开创性的思想家们关注的是世道人心与道德实践，而不是抽象玄思与理论架构，他们的学说重心，理应是围绕道德品质培育展开的"修养论"，而非作为道德形而上学的"德性论"。① 而针对实践道德规范的"动力因",早期儒家与基督教在人格修养问题上最具代表性,对后世影响最大的学说,分别是孟子的"知言养气"说,与保罗的"因信称义"说。作为儒耶人格修养方式的核心,"养气"与"称义"这对核心概念,值得我们进行深入的分析和比较。

一、实然与应然的统一:养气与称义作为人格修养方法的共同出发点

儒家的涵养工夫和基督教的灵修之道有多种进路,为何分别以"养气"与"称义"作为二者人格修养观的核心概念?这首先当然是因为,孟子与保罗是他们各自所代表的文化传统中最具影响,且最系统地阐述了人格修养问题的圣哲。而更重要的理由则是,通过对"人格修养"之本义的分析,我们发现"知言养气"与"因信称义"这两个说法,在儒耶思想系统中最能切中人格修养的核心要义,也最能作为主线贯彻人格修养的整个过程。

所谓人格修养,其实质是在特定文化系统中对理想品格进行培育,让实然的人(遵循自己的主观愿望)同时也可以是应然的人(遵循社会属性的要求)。在中文语境中,"文化"即"化成为(人)文",也就是使人具有人应该有的那个"样子"(文),②

---

① 有人据此认为,亚里士多德的美德伦理学应该被翻译为"修养论"而非"德性论"。参见沈顺福. 修养与德性——兼论修养伦理学[J]. 人文杂志, 2009 (5).
② "文"的本义是指"纹理"和"花纹",引申为自然与人类社会的"现象"。

"修养"则是顺乎其本性进行外在的引导和培育，使人性上升到可以率性而为的"道"的层次。① 而在西文语境中，表达"文化"和"修养"可以用同一个词（culture），它直接来自拉丁文词根"崇拜"（cultus），后者又是"耕耘"（colore）的过去式。也就是说，文化是一种以超越的宗教性为根本特征的，类似于对自然作物进行人工培育之后所获得的东西。通过以上的词源分析我们可以发现，这些概念都包含了以自然性为前提（作为第一自然的自然）和归宿（作为第二自然也就是社会性的自然），使人同时既"是其所是"（自然），又"是其所应是"（道德）的意义。所以说在这里最重要的问题，不是对自然属性和道德理想的分别论述，而是如何将二者统一起来，使一个人的实然与应然成为一体，也就是达到所谓"从心所欲，不逾矩"（《论语·为政》）的境界。简言之，理想的人格修养，应该是"好德如好色"（《论语·子罕》），将超越性的道德规范，变成像生理属性一样自然而然的东西。

而既然人格修养的本义，就是对原本的自然人性进行培育，使得超越性的道德规范，变成一种新的自然属性。那么最关键的问题就在于，如何寻找到某种可操作的方式，打通"实然"与"应然"之间的隔阂，使道德对人而言，具有与自然律同等程度

---

① 《中庸》所谓"率性之谓道，修道之谓教"中的"修道"，就是以"道"为原则，针对个人禀赋的"过"与"不及"进行调整，使人真正实现自然的"率性"之道。"养"的本义则是指"饲喂"，同样是指按照其自然本性进行人工培育。

的必然性？基于这个共同的出发点，孟子选取了"知言养气"的方式，保罗选取了"因信称义"进路，下面我们就从原典出发，以实现人性的实然和应然的统一为主线，分别梳理一下二者的思路。

二、从"气"到"养气"：孟子《公孙丑上》的人格修养进路

"知言养气"说，典出《孟子·公孙丑上》第二章，这也是《孟子》全书最复杂难解、众说纷纭的内容之一。特别是围绕着"知言"与"养气"的关系，更是存在很多争论。表面上看，这主要是由于本章涉及诸如"不动心""养勇""言""心""志""气"等一系列极其抽象的概念，而这些概念又涉及告子、北宫黝、孟施舍、曾子、子夏以及孟子本人的不同理解方式，从而形成了错综复杂的多种解读的可能性。

不过笔者认为，这段话之所以显得难懂，真正的问题出在脱离具体语境和中心议题，把这段文字从整个对话中孤立出来，当成一篇独立的学术文本来对待。我们不要忘记，原典虽然是后世学术的源头，但它们本身通常并不是学术典籍。《孟子·公孙丑上》是一段师生对话，概念和人物多，并不必然意味着对话的含混。很明显，作为学生的公孙丑，始终是清楚老师在说什么的。而两个对话者之外的读者之所以会产生困惑，主要是由于不太了解那些在对话者之间不言而喻的前提。而在这里，所谓"不言而

喻"的东西，主要就是指文化背景（孟子之前的"气"论）和对话意图（儒家的人格修养主旨）。

提出"知言养气"说的意图是什么？这就要看《公孙丑上》的整个对话到底是围绕什么展开的。这段对话缘起于公孙丑提出的问题："夫子当路于齐，管仲、晏子之功，可复许乎？"这本来是个很实际也很外在的问题，不过孟子从最初的回应开始，就把对话引向了更为内在的方向，使其围绕人格修养问题来展开。他首先引用曾子西对子路和管仲的褒贬态度，认为管仲占据齐国这样的强国，在事半功倍的时局下成就霸业，并没有特别值得称道的地方。也就是说，外在评判标准（功业）不足为训，内在的人格境界，才是真正评价一个人的标准。①

视管仲这样的功业"如彼其卑"，这不能不说是一种伟大的人格境界，其要义就在于道德的自足性。因此，对话就顺理成章地深入这种人格境界的第一个层面，也就是形式上的"不动心"——坚守自己的行为准则而不为外物所动。

不过，由于这种"不动心"境界仍然是中性的，所以在保持道德勇气（"守气"）之外，还需要进一步区分哪一个更得道德修养之要领（"守约"）。在孟子看来，"不动心"的修养方法原则上

---

① 严格来说，孟子其实并没有回答公孙丑的问题，只是转变了探讨的方向。因为后者问的是"你能否做到管仲那样的事"，而孟子的回应是"做到这样的事并不足以令人称道"。而公孙丑接下来的问题也是顺着这个思路展开的——既然外在的功业并不重要，那么重要的就是内心，"如果做到了这样的事，你是否会动心呢？"（"夫子加齐之卿相，得行道焉，虽由此霸王，不异矣。如此，则动心否乎？"）

可以分为两类：一是北宫黝和子夏的由外而内的方式，也就是通过"不肤挠，不目逃"这样的练习来保持勇气；二是孟施舍和曾子那种由内而外的方式，也就是通过"视不胜犹胜"，"自反而缩"的内省获得"虽千万人，吾往矣"的勇气。后者比前者更强调内在的道德原则，所以是更符合人格修养之要旨的；而在后者内部，曾子又比孟施舍更重视道德内省，因此也就更为"守约"。

还是按照这种"由内而外"胜过"由外而内"的思路，孟子比较了他和告子对"不动心"的理解：认可"不得于心，勿求于气"，却否认"不得于言，勿求于心"。认可前一句，是因为（心）志是"气之帅"，气又可以"反动其心"，所以应该坚持内在的"心"对外在的"气"[①] 具有价值上优先的地位，也就是所谓"持其志，无暴其气"。而否定后一句，同样是因为，相对比较外在的"言"，不应具有比"心"更为优先的地位——言有未达，未必不可反求其心。

现在的问题是，经过这样的解释，孟子似乎有些偏离了"不动心"的原则，因为告子所谓"不得于心，勿求于气"和"不得于言，勿求于心"，是从内外两方面针对"不动心"的宗旨而言的。不管是心有不安（内）还是言有未达（外）都不可妄动，这是一个整体的方案，本不应该有任何的缺口。而孟子否定了后一

[①] 虽然二者都发生在意识之中，但是相对于代表自由意志的"心"，更多带有自然属性，"蹶者趋者"的"气"，明显是更具外在性的东西。当然，这里所说的是一般意义上的气，与"浩然之气"是不同的，后者实际上已经具备了道德层面的"（心）志"的意义。

项原则，就意味着，言有未达时仍然可以反求于心，而这难免有"动心"的嫌疑。因此，要保持逻辑一贯性，孟子就必须证明，有一种比"言"为更前提性的东西，使人可以在"不得于言"并"求于心"的同时，仍然保持所谓"不动心"的状态。

而这就进入了具有道德自足性的人格境界的第二个层面。"不动心"的真正意义，是内在的道德自足性。① 而这个更加前提性的，能够保证道德具有内在自足性的东西，就是"浩然之气"。它比"言"更为根本，并且能够最终保证"知言"，这也正是孟子高于告子的关键所在。② 值得注意的是，孟子对"浩然之气"的第一个解说是"难言也"，因为它本来就是在言之先，并非由言来规范，反而是对言进行规定的东西。

具体来说，"浩然之气"既有"塞于天地之间"的自然属性，又具有"配义与道"的道德属性。③ 对它的唯一正确态度是"直养"，既要"心勿忘"又要"勿助长"。因为"集义"的要旨，并不是符合外在规范，而是要将"义"视为自然的和内在的属

---

① 所以孟子认为"告子未尝知义，以其外之也。"也就是说，道德规范必须成为内在性的东西才是有意义的。
② 所以公孙丑在听孟子讲完其与告子的区别后，接下来就问"敢问夫子恶乎长"（这个"长"，放在上下文的语境里看，是指孟子比告子高明的地方，而非突兀地把话题从"心"与"气"的关系，转换到孟子到底擅长什么）。而孟子的回答，也就是"我知言，我善养吾浩然之气"，也应该被当作一个整体来理解。因为"知言"，其实就是"养气"水到渠成的结果。
③ 从孟子所处的文化背景来说，"气"本来是一个偏重于自然属性的概念，而"浩然之气"明显是兼具自然与道德属性的，就算形式上只是扩而充之的"直养"，事实上也是存在方向性选择的。将自然之"气"转变为道德之"气"，这是孟子的一个创新。

性，使其顺应本性地生成出来。所以说，培育"浩然之气"与稼穑的道理一样，既不能"不耘"，也不能揠苗助长。

在详尽解释了"养气"的意义和方法之后，接下来怎样做到"知言"，就是一个顺理成章的结论了。① 无非是"诐辞知其所蔽，淫辞知其所陷，邪辞知其所离，遁辞知其所穷。"这是一个否定性的思路，也就是通过知"言之所失"来知言。而之所以能够知道哪里不对，是因为知"心"，因为言本是"生于其心"的。

概言之，孟子的基本思路是：之所以能够"不得其言"仍然"求于心"，而且并不违背"不动心"的原则，是因为"浩然之气"兼备自然性与道德性，内在性与本原性。"求于心"实质上是反躬自求，顺应自然本性，所以仍然是一种"不动心"。② 养气是知言的内在根据，知言是养气的外在结果，所以在"不得其言"的情况下，仍然可以通过"养气"而"知言"。整段对话至此的脉络如下：

外在标准不足取（功业问题）

---

① "知言养气"说形式上虽是以知言为先，然而对人格修养的实践而言，"养气"才是更具本体论意义的前提。事实上，孟子并没有特别解释如何做到"知言"，而是把重点放在对"浩然之气"的论述上，因为前者只是后者的一个自然结论而已。朱熹根据自己的理学观念，将"知言"解释成"尽心知性"，从而把"知言"当成了"养浩然之气"的前提，这就偏离了孟子视"养气"为根本的人格修养观。

② 朱熹在《孟子集注》中的解释是："人固当敬守其志，然亦不可不致养其气。盖其内外本末，交相培养。此则孟子之心所以未尝必其不动，而自然不动之大略也。"这种说法的高明之处，就在于认识到孟子的"不动心"，是内在的"自然不动"，而非外在强制的"必其不动"。在此基础上我们可以更加辩证地说，顺乎浩然之气的"动"，其实就是"不动心"；而强求"必其不动"，反而本身就是在"动心"。

→道德的自足性（"不动心"）

→道德的内在性（"不动心"的真正意义）

→兼具自足性与内在性的"浩然之气"

（通过"养气"实现"自然/实然"与"人为/应然"的统一）

→"知言"（"养气"的必然结果）

很明显，"养气"是实现"不动心"、"知言"、道德的自足性与内在性等一系列人格修养要求的关键。

以上，我们就以人格修养问题作为主线，对《公孙丑上》第一、二章的内容进行了完整的梳理。不难发现，这段对话的思路始终是连贯而流畅的，无非是以"养气"为核心，围绕人格修养问题来展开。也唯其如此解读，孟子与公孙丑之间的师生问答才显得环环相扣，层层递进。

三、从"义"到"称义"：保罗《罗马书》的人格修养进路

正如将"气"这个古老的自然哲学概念发展到"养气"的人格修养论是一个伟大的创新，从《旧约》所强调的"义",[1] 到

---

[1] 《旧约》里反复提到"义"，显然是将人在神面前的义视为一个重要问题，但是绝大多数时候都是在谈"义人"和"公义"，除了"在神面前人怎能称义？"（《旧约·约伯记》第25章4节），"不容他们在你面前称义"（《旧约·诗篇》第69章27节）之外，几乎没有谈到过"称义"的问题。而从《新约》的《罗马书》开始，"称义"突然就成了一个核心的议题。

《新约》所强调的"称义",也是一个意味深长的转变。这是因为,如果"气"本来是自然而然的东西,也就无所谓"养";如果"义"本来是遵循外在律法的自然结果,也就无所谓"称"。"养气"与"称义"学说的实质,是从被动到主动的道德主体性的构建。

保罗对"因信称义"的论述,贯穿于他的全部书信,其中尤以《新约·罗马书》为代表。这不仅是因为它在《新约》文本中的特殊地位,更是因为这封信的目的,是向当时自发组建起来,还没有得到使徒直接指导的罗马教会介绍基督教的信仰要旨,所以行文特别切中肯綮,要言不烦。可以想见,与"知言养气"章中的对话一样,《罗马书》的出发点,也不是进行系统的理论阐述,而是针对这批身处异教文化势力最多元、最强大的罗马城,并且刚刚皈依,尚未坚固的基督徒的现实处境,为其阐明基督徒信仰生活的核心要义。按照保罗自己的说法,他写这封信是为了"要把些属灵的恩赐分给你们,使你们可以坚固。"(《新约·罗马书》,第1章11节)而他所要分享的这种可以使人坚固的"属灵的恩赐",正是围绕"称义"这个问题展开的。

保罗的自我定位,是奉召传福音的使徒。而福音又是神所应许,由耶稣基督带来人世的,是基督徒全部信心和得救盼望的基石。所以《罗马书》开篇,就很自然地从保罗的职分过渡到对福音性质的论述,从而引出"义"的问题。

保罗写道:"这福音本是神的大能,要救一切相信的……神的义正在这福音上显明出来；这义是本于信，以至于信。如经上所记：'义人必因信得生。'"（同上，第1章16—17节）这段话后来对马丁·路德产生了极大的困扰，[①] "因为律法本是叫人知罪"（同上，第3章20节），所以表面来看，"神的义"对人而言不但不是福音，而且还恰恰是对人的"不义"的彰显。问题的关键在于，如果"义"只是外在的符合律法，是通过实践律法的行为自然得到的结果，那就是可以用来夸口自以为义的"立功之法"（同上，第3章27节），"而做工的得工价，不算恩典"（同上，第4章4节）。也就是说，这样一种等价交换式的理解（用行为赚得）并没有恩典的意义，在基督徒的道德体系中，根本就不应被视为"义"，而"惟有不做工的，只信称罪人为义的神，他的信就算为义。"（同上，第4章5节）

　　从以上这些论述中我们可以发现，保罗所说的"神的义"有递进的两个层次。首先，表面上看，"神的义"通过律法使人认识到自己的"不义"，认识到从行为上说"没有义人，连一个也没有"（同上，第3章10节）。这与《孟子·公孙丑上》开篇，对于外在功业不足为据的论述是一致的。保罗是熟悉希腊文化的，而这种不以外在行为为依据的"不动心"（apethia）和"自足性"（autarkia），正是基督教兴起之前，希腊化时期哲学最核心的议题。这与孟子将"不动心"作为探讨人格修养问题的起点，

[①] 参见 Martin Luther. Luther's Works. vol34 [M]. Saint Louis and Philadelphia: Concordia Publishing House, 1955：336-337. 这一困扰激发路德重新发现"因信称义"的真理，从而转变为激发宗教改革思想的重要启示。

也有异曲同工之妙。

而更进一步来说，认识到"不义"，恰恰是"称义"的前提和开端。因为"义"本来就是只有神才具有的属性，人只可能被"称"为义，也就是"蒙神的恩典，因基督耶稣的救赎，就白白地称义。"（同上，第3章24节）

用奥古斯丁在《精意与文字》中的说法就是："上帝之义，是指上帝称我们为义时披戴在我们身上的义。"[①] 这个义是被"披戴"在人身上的，而非人本身内在所具有的。甚至可以说，神的义是外在地强加于人，对人造成束缚的。[②] 用一种吊诡的方法来表述就是：必须自知无义可称，方可被称为义；必须把义看成是外在的必然性，方可将其内化于心。

作为对立，在这里我们可以引用孟子在讲"直养"浩然之气时的那个揠苗助长的比喻："直养"与耕种一样，意味着既要"勿忘"也要"勿助"。"勿忘"好理解，持之以恒地加强道德修养就是了。而"勿助"就比较具有悖论意味了——"养气"，明明是养我的"浩然之气"，却又要当成外在的，并非我自由意志控制的东西，使其自然成长。同样地，"称义"，当然也是被称为义者的问题，是意识到自身之原罪，并希望得到救赎者的必然要求。但是细究这个目标的实现途径，会发现，被救赎者必须将"义"视为白白的赐予，是称义者本身并不配具有的东西。

---

① 转引自《路德文集》，Martin Luther. Luther's Works. vol34 [M]. Saint Louis and Philadelphia: Concordia Publishing House, 1955: 336-337.
② "将肢体献给义作奴仆，以至于成圣。"（《新约·罗马书》，第6章19节）

从这里我们可以看出，"养气"与"称义"作为人格修养方式，其共同点在于，不仅要实现"实然→应然"的过渡，更要着眼于"应然→必然"的道德情操的建构和巩固。前一个步骤，只是认识道德规范的问题，后一个步骤，才是保证道德规范变成实际行动的关键。

因此，不管是孟子的"养气"还是保罗的"称义"，都要将"气"与"义"视为并非人为，而是具有自然律意义的必然性的东西。孟子所谓"予岂好辩哉？予不得已也"（《孟子·滕文公下》）和保罗所谓"我传福音原没有可夸的，因为我是不得已的"（《新约·哥林多前书》，第9章16节），都体现出这种将自由意志的决定视为必然的道德使命感。

概言之，对人格修养来说，自然的和外在的东西（"气"和律法层面的"义"），要变成内在道德的东西（"浩然之气"和恩典意义上的"义"），而内在道德的东西，又要进一步再变成更高层次的自然的和外在的东西（勿助之的"直养"和完全由神恩赐的"称义"）。经过这个"自然→人为→必然"的转化，才能达到至高的人格境界。在其中，道德律与自然法则具有同等的必然性。

此外，与"知言养气"一样，"因信称义"说也容易导致一种望文生义的误解，似乎"信"是"称义"的原因，"称义"是"信"的结果。这种理解方式，其实与保罗所极力反对的"因行为称义"一样，是把称义看成了人力所能为之的东西。事实上，

<<< 第二章 儒耶人格养成论的形成期

仔细分析上面提到的"神的义正在这福音上显明出来；这义是本于信，以至于信"和"义人必因信得生"（《新约·罗马书》，第1章16—17节）这两句话，就会得出以下两个结论：

首先，"义"是"神的义"而非人的义，作为出发点和归结的"信"，也是神的"信实"而非人的"信心"。就人而言，并不能凭借信心自以为义。

其次，"义人必因信得生"，也并没有把信当成称义之原因的意思，反倒是先有"义人"，才谈得上"因信得生"的问题。而拣选谁为义，则完全取决于神的自由意志。① 进一步说来，即使是直接提到"因信称义"的地方，保罗也多次使用"算为他的义"这种说法，而"算为"（imputed）就意味着称义的被动性。

总之，因为神是信实且公义的，而拣选又完全出自神的自由意志，② 所以神的义先于人的义，也先于人的信。也就是说，"称义"并非来自人的信心，而是来自神的信实和拣选，因此是逻辑在先的。"信"只是在神拣选人并称为义时被"算为"义而已，非但不是称义的原因，严格说来还可以算作称义的结果。

不过，正如虽然"浩然之气"是本体和前提，然而更具操作意义的是"知言"，也就是依据明确的道德原则做出是非判断。

---

① "受造之物岂能对造他的说：'你为什么这样造我呢？'窑匠难道没有权柄从一团泥里拿一块做成贵重的器皿，又拿一块做成卑贱的器皿吗？"（《新约·罗马书》，第9章20—21节）
② "谁能控告神所拣选的人呢？有神称他们为义了。"（《新约·罗马书》，第8章33节）"善恶还没有作出来，只因要显明神拣选人的旨意。"（《新约·罗马书》，第9章11节）

31

一旦被"算为"义，信心在实际操作意义上，也就成为称义的核心，以至于"凡不出于信心的都是罪"。① 正是因为亚伯拉罕的信被"算为"他的义，而"那以信为本的人，就是亚伯拉罕的子孙"，② 所以神的计划，就是通过亚伯拉罕"叫外邦人因信称义"。③ 就个人而言，则是"心里相信，就可以称义。"④

也就是说，从神的角度说，是"拣选→称义→信心"的逻辑关系；从人的角度，也就是从认识论的角度说，则是"信心→称义→拣选"的这样一条认识路径。起点仍然在于信心，只是这个信心要被看作蒙拣选称义的"证据"，而非赚得救恩的"原因"。而保罗之所以要做如此复杂的界定，是为了确保最早的那批基督徒能够认清，自己并没有任何可以夸口自以为义的东西。"称义"的本质，是对神的完全信靠和交托。

总之，保罗在《罗马书》中以"称义"问题为核心，从外在评判标准的谬误（反对因行为称义的"立功之法"），道德的自足性（唯独恩典）和道德的内在性（唯独信仰）这三方面，对基督徒的信仰生活做了精要的论述。其基本思路，是通过把"义"从外在的律法问题，变成内在的"称义"问题，从必然性规范（神的恩典与律法）与人的内心意志（信心）相统一的进路，阐发基督徒的人格修养之道，这与孟子的思路存在

---

① 《新约·罗马书》，第14章23节。
② 《新约·加拉太书》，第3章第7节。
③ 《新约·加拉太书》，第3章第8节。
④ 《新约·罗马书》，第10章第10节。

着很强的可比性。

四、"养气"与"称义"的本质差异：方向、方法与维度

通过以上对《孟子·公孙丑上》和《新约·罗马书》文本的分析，我们对孟子和保罗在人格修养问题上的相似思想进路，进行了基础性的对照研究。这种寻求"异中之同"的视角，可以深化对人格修养问题的理解。不过，对儒家和基督教这两种异质文化体系而言，发掘"同中之异"的视角也是同样必要的。具体来说，同样是为了实现道德的内在性、自足性和必然性的人格修养理想，二者在方向、方法和维度上都存在着本质差别。

1. 方向之别："君子—圣人"与"成圣—得救"

作为标杆性的理想人格，"君子"是儒家的志向，"圣人"则是任何人都不敢自居的最高境界。《论语》和《孟子》对君子都有大量论述，相比之下，谈到圣人的地方却少得多。[①] 还是以《孟子·公孙丑上》为例，公孙丑问，既然连孔子都说自己不擅长辞命，而孟子又以"知言"自居，这是否意味着他就是圣人？孟子以"夫圣，孔子不居"回应。在公孙丑继续追问他是"有圣人一体"还是"具体而微"时，孟子以"姑舍之"这三个字，直

---

① 《论语》有107处谈到"君子"，只有9处提到"圣"；《孟子》有82处提到"君子"，只有19处提到"圣"。

截了当地拒绝回答问题。在《孟子》全书中，生硬地拒绝探讨问题只有这一次，这是很耐人寻味的。我们大致可以猜想到，这是因为"圣人"是儒家人格修养的最高境界，是只可以盼望和推崇，却绝不可以自我宣称的。

相较之下，"成圣"在基督教语境里并不具有如此崇高的意义，它与"君子"一样，是现实的道德义务而非最高的道德理想。正如儒生必须以做君子为志向，基督徒也必须被"分别为圣"，① 才有可能得到救赎。成圣的本义，就是从日常事物中"分别"出来，被赋予神圣的意义。由于"被称为义"的人仍然受到罪的玷污，因此只有在被圣灵更新，分别为圣之后，才能恢复其所亏欠的上帝形象，所以，成圣是必须的，"非圣洁没有人能见主。"（《新约·希伯来书》，第 12 章 14 节）这是基督教与儒家之间一个微妙却重要的区别。

而且，正如君子虽不可以圣人自居，却又要以圣人为理想和永远的道德指向一样，被"分别为圣"的基督徒，也不可自诩为"完全人"，② 却要永远指向"得救"这个最终目标。虽然"凡求

---

① "分别为圣"这个说法在《旧约》里提到比较多，既可以指人也可以指物，大多与仪式相关，也就是在经过某种仪式之后被赋予神圣的意义。在《新约》里，则只有《约翰福音》提到过两次"分别为圣"，一次是指耶稣，一次是指跟随耶稣的基督徒，但同样都是"因真理/道成圣"的意思。也就是说，"成圣"在基督教的话语体系里，并不是指个人修为的至高境界，而是在强调"被赋予（神圣意义）"或者"领受（真理）"。从这个意义上说，被"分别为圣"并不是最终目标，而只是每个基督徒通向得救的必由之路而已。

② 《圣经》里在凡人身上用"完全"这个词，只有挪亚、亚伯拉罕和约伯等极少数例子。

告主名的,就必得救"(《新约·罗马书》,第10章13节),但这里讲的是对得救的信念,而非即成事实。所以我们可以设想,如果用公孙丑那样的方式,追问保罗是否以胜券在握的得救者自居,他也一定不会做出正面的回答。概因"得救"乃是称义和成圣所共同指向的终极盼望,必须始终当作理想性的,而非现实性的东西来对待。总之,在道德义务(君子/成圣)和道德理想(圣人/得救)上,儒耶人格修养的方向存在着根本性的区别。

2. 方法之别:"存夜气,求放心"与"俯就卑微、恒切祷告"

由于儒耶的人格修养论分别以性善论和原罪说为基础,导致二者在方法上也呈现出巨大的差异。概言之,孟子将"浩然之气"视为人的自然性与道德性的共通本源,所以将"存夜气,求放心"视为人格修养的根本方法。在《孟子·告子上》篇中,孟子将人性比作牛山,"夜气"则是如同山上草木"日夜之所息"那样,在人心之中自然生长的善性。而偏离本性的"旦昼之所为",则会像砍伐和放牧戕害山林一样,对其造成搅乱和损害。因此,正确的修养之道,以一种最简化的方式说,就是以否定的方式拒绝外在干扰和诱惑,以求保存这种作为自然善性,在每个人的内心中油然而生的"夜气"。

同样是在《告子上》中,孟子还提到了与"存夜气"相辅相成的"求放心"。人之所以会"放(丧失)其良心",是因为放任自己的道德本性遭受外来的损害。也就是说,"放"是被动的,是源于外在因素的结果;"求"则是主动的,内生性的动力。而正如山丘不管遭到多么严重的破坏，其自然萌发的本性总是存在的，所以"求放心"也总是可能的。

同样，正如不管善心多么容易生长，一暴十寒也"未有能生者"，所以"求放心"也总是必要的和持续性的。因此，通过内省式的寻求来重新发现这个本来就存在，并将一直或明或暗存在的道德善性，就成为人格修养的中心任务。故"学问之道无他，求其放心而已矣。"总之，"存夜气"强调的是不受外界干扰，"求放心"强调的是内省自求，二者分别从否定和肯定的两个层面，奠定了儒家人格修养的基本格局。

而基督教在原罪思想的背景下，采取了与儒家这种"直养而无害"的修养方式完全相反的进路。在反躬自问时，保罗不但没有产生那种浩然塞于天地间的道德自信，反而坦陈"我觉得有个律，就是我愿意为善的时候，便有恶与我同在。"[①]"我所愿意的，我并不做；我所恨恶的，我倒去做。"[②] 由此可见，与养气是"因为"道德善性不同，称义是"为了"获得道德善性，也就是在神眼中成为所谓"完全人"，而这首先就需要承认自己的不完全。因此，道德自信并不是成就道德的前提，反倒是道德自卑才成为人格修养的基石。所以说"不要志气高大，倒要俯就卑微的人"[③]。

正是因为人并不具有内在的道德善性，委实无义可称，所以

---

① 《新约·罗马书》，第 7 章 21 节。
② 《新约·罗马书》，第 7 章 15 节。
③ 《新约·罗马书》，第 12 章 16 节。

是既无夜气可存，也不可能求其放心的。① 在这种情况下，采取"俯就卑微"的态度，就成了人格修养的唯一选择。进一步来说，既然人无法由信靠自己来实现道德升华，那就只留下了向神祈求这唯一一条上升的进路。而且严格来说，甚至连是否选取这条进路，在这条路上具体要怎样走下去，也不是人类自己的功劳。保罗对此总结说："我们的软弱有圣灵帮助，我们本不晓得当怎样祷告，只是圣灵亲自用说不出来的叹息替我们祷告。……圣灵照著神的旨意替圣徒祈求。"② 按这个说法，人所能做的，只是"在指望中要喜乐，在患难中要忍耐；祷告要恒切"③ 罢了。正如现代新教神学家卡尔·巴特所言，"通过'恒切'，祷告成了伦理行为"，因为这种连续性的祷告行为，意味着坚定地指向上帝、认定上帝并且寻求上帝，④ 而这正是基督教伦理的要旨。

3. 维度之别："自然—人为"与"原罪—恩典"

由于儒耶文化分别强调的是自然性与超越性的维度，所以，就算同样是实现前面提到的"实然→应然→必然"的人格修养进路，二者在每个环节的内涵上，也都有维度的不同。我们可以将

---

① 按照从保罗到奥古斯丁，直至路德和加尔文这一派的理解，亚当的背叛和堕落，彻底取消了人类向善的自由意志，靠人类自己恢复已经丧失的道德良知（"求放心"）是绝无可能的。盲目相信自身的道德善性，反倒是最根本的罪，也就是骄傲和背离上帝。
② 《新约·罗马书》，第8章26—27节。
③ 《新约·罗马书》，第12章12节。
④ 卡尔·巴特. 罗马书释义［M］. 魏育青，译. 上海：华东师范大学出版社，2005：414.

其对应排列成如下简表：

儒家		基督教	
人性之"实然"	自然		原罪
人性之"应然"	人为		恩典
人性之"必然"	对自然善性的道德自觉		对自然罪性的道德自觉

具体来说，首先，以自然为本位的儒家人格修养观，以自然性①作为人的实然，以圣人之教化作为人的应然，再通过对自然善性的内省以获得道德自觉，实现圣人之教（应然）与自然本性（实然）的融洽结合，达到内化于心、外化于行的道德必然性境界。

反观以上帝为本位的基督教人格修养观，人的"实然"对应的则是原罪，这并不是自然而然的东西，而是人类始祖悖逆造物主的结果。在败坏了原本完美的创造之后，这种不完全性，也就成了人类事实上的"实然"状态。

而相应地，处在这种犯罪后无法依靠自身力量补救的境地中，人的"应然"，也就只能是通过认罪和祷告寻求神的恩典。最后，为了坚固这种全然交托给超验维度的"信德"的坚定性，就要强调人性的绝对败坏和救赎的神恩独作，以及唯独圣经、唯

---

① 其中既包括食色之本性，又包括异于禽兽的四端之心。前者作为人类共同的欲望，至少不构成道德恶性（甚至可以按照朱熹的说法将其归于"天理"），后者则更是百善之端。

独信仰、唯独恩典的原则。而这也正是从保罗到奥古斯丁，从马丁·路德到加尔文一以贯之的基督教精神主线。

第二节 "义/利"与"义/罪"的两个概念框架

如果说"知言养气"与"因信称义"还是一种相对直观的差异。那么在这两个说法之下，还隐藏着一个更为底层的区别。那就是儒家与基督教对于"义"的理解，是基于不同概念框架的。

就儒家而言，有两个现象值得注意。首先，儒家虽然通常都是仁义并称且互为表里，① 并且有"义者宜也"② 这样总括性的说法，似乎仁是内容，义则是指仁的所有适当的表现形式。③ 但

---

① 比如，《礼记·郊特牲》所谓"蜡之祭，仁之至、义之尽也"的说法，就是指"合聚万物而索飨之"的蜡祭，在内在精神（仁）与外在形式（义）上同时达到了完备的程度——祭祀对象的无所不至（义之尽），证明了内在精神的纯然无伪（仁之至）。而南宋文天祥在《绝命词》里所说的"孔曰成仁，孟曰取义，唯其义尽，所以仁至"，则是从世俗的角度讲，只要一个人做到了所有该做的事情，也就达到了内在的完满。从这两个方面讲，仁与义似乎都是内与外的并列关系。
② 《礼记·中庸》第20章。
③ 刘丰认为，"仁内义外"并不是告子的主张，而是孔子自己的思想，经过思孟学派的从心性出发取消二者内外之别的努力之后，又由荀子恢复了这个内外相分的传统。（刘丰.从郭店楚简看先秦儒家的"仁内义外"说［J］.湖南大学学报（社会科学版），2001（2））仅就仁与义的关系而言，这是有道理的，但是不能因此就简单地说，儒家把内在之德都叫作"仁"，外在之德都叫作"义"。另外，肖立斌所谓大传统（官方）尚仁，小传统（民间）崇义的说法，也很有启发，提供了另外一种仁义并称的逻辑可能性。（肖立斌.中国传统道德中"仁"与"义"的对立统一［J］.道德与文明，2006（11））

39

是纵观之下我们会发现,很多时候,仁是义的上位概念。也就是说,仁与义并不是逻辑意义上的并列关系。仁的"爱人"与"忠恕"这两项根本内涵,综合表现为包括"义"在内的各方面指标,比如,礼、智、信、勇等,而不是一个"义"字就可以涵盖的。在《中庸》里,"仁—知—勇"可以构成一个系统,"仁—义—礼"也可以构成一个系统。① 在孟子那里,"仁—义—礼—智"是所谓四端。在董仲舒那里,"仁—义—礼—智—信"则是所谓五常。很明显,在后一种情况下,"义"并不是一个包含所有外在道德指标的统称。所以不能简单地说,仁与义只是内与外的对应关系。

那么,为什么在儒家思想里,"义"这样一个重要的概念,不能像我们在基督教里看到的那样,明确地成为人性的最高追求?这是因为,儒家之"义",通常是被置于"义利之辨"的框架下进行理解的。也就是说,表面上看,"义"似乎能够涵盖所有道德上的"应该"(也就是最广义的"宜"),而事实上,它往往被限定在"与利益相对立"这个比较狭隘的意义上,不足以成为人格养成论中最核心的概念。

与之相比,在基督教的人格养成论中,"称义"之所以是明

---

① 在《中庸》第二十章里,既有"知、仁、勇三者,天下之达德也"这样的并称,也有"仁者,人也,亲亲为大;义者,宜也,尊贤为大。亲亲之杀,尊贤之等,礼所生也"这样的说法。也就是说,仁与义,并不总是被置于同一个体系里来理解的。"仁、知、勇"和"仁、义、礼"这样的组合,内在都有不同的逻辑。

40

确的焦点，是因为"义"的对立面是"罪"（或者逻辑地说是"不义"），而这是一个最为广泛的概念，能够把一切的应与不应都包括在内。这个看似微小的区别，反映出儒耶人格养成论的底层逻辑分歧，值得认真分析。

一、从路德对《雅各书》的回应，看基督教的"义/罪"概念框架[①]

前面提到，从逻辑上说，义的反面是"不义"，而不义即为罪。所以"义/罪"这个概念框架，应该是顺理成章的事情。然而文化传统的建立，毕竟不只遵循逻辑规则。即使在基督教内部，这个概念框架也并不是一个天然成立的结论，在基督教的教义史上，围绕这个问题的冲突与反复一直都存在。为了集中呈现基督教的典型特征，我们只举一个最具代表性的例子，那就是马丁·路德对《新约·雅各书》的回应。

同样是圣经《新约》的文本，保罗书信一直在强调因信心称义，但是《雅各书》的第 2 章 24 节，有"人称义是因着行为，不是单因着信"这样的说法，对保罗提出了严重挑战。为调和保罗和雅各关于"因信称义"和"因行为称义"的不同侧重，马丁·路德对信、行为、律法等概念进行了复杂的解说。而笔者认为，对此有一个更简洁、更提纲挈领的解释，那就是保罗和雅各

[①] 对于路德的相关思想，第四章还会进行系统探讨，在这里只是以其对雅各书的回应为例，阐明基督教"因信称义"学说的特点。

的两种说法,分别对应着"义/罪"和"义/利"这两种概念框架,而前者才是基督教的特有思路。由此也可以反过来证明,路德的"因信称义"学说,更好地揭示了基督教教义的典型特征。

首先,我们来简要回顾一下路德对《雅各书》的不同回应方式。

1. 最初也是最生硬的回应:贬低《雅各书》的地位,甚至称其为"稻草书信",认为它并不是福音本性的体现。

这是一个很直接的回应。然而在1522年之后,路德自己在新约前言里删除了这个论断,并且赞美《雅各书》宣扬的是神的律法,而不是人的教义。① 应当说,此时的路德,能够正确认识该篇的精髓,也能意识到之前的贬低是片面和武断的。然而更重要的是,任何对于圣经文本的质疑,都是直接违反其"唯独圣经"原则的。而在1521年的沃尔姆斯会议上,路德正是以"教皇和议会的权威彼此矛盾"为由,宣称自己只接受以圣经为依据的裁决。如果承认圣经正典文本内部也存在矛盾,就会威胁到宗教改革的基本原则,而这是路德绝对不可能接受的。

2. 改进后的回应:矛头不指向《雅各书》本身,而是指向"因行为称义"这种说法背后的律法主义。

---

① James Swan. Six Points on Luther's "Epistle of Straw" [J]. Roman Catholicism, 2007 (4).

路德既认为保罗和雅各之间存在分歧,[①] 又不能接受圣经文本自相矛盾。所以唯一的出路,就是把《雅各书》作者针对具体人群的训诫,与后人由此错误推导出的普遍原则(也就是律法主义)切割开来,从而能够集中火力驳斥后者。

比如,针对"信心若没有行为就是死的"[②] 这句话,路德表示:"我们说的是称义的有效性不依靠行为,而不是信心可以没有行为……信心的称义无须行为是一回事,信心的存在无须行为则是另一回事。"[③] 这段话有两层意思。首先,真信心必须导致某种行为,这并不违背"信心若没有行为就是死的",而这就避开了与《雅各书》的直接冲突。其次,雅各写信的对象是那些"说自己有信心,却没有行为"的人,[④] 而且他所说的律法乃是"使人自由的律法",[⑤] 而不是"叫人知罪"的律法;[⑥] 他说的信心,乃是"信其有"这种一般意义上的信心,而不是与由爱上帝而生的信心。[⑦]

因此,考虑到雅各写信的对象并不拥有真正的信心,而且这

[①] 根据路德的传记作者罗伦·培登(Roland H. Bainton)的说法,路德曾经声称,谁要是能调和保罗和雅各,他宁愿把自己的博士帽拱手送人。(Peabody: Hendrickson Publishers (Reprint edition), 2015)
[②] 《新约·雅各书》,第2章17节。
[③] "justification is effective without works, not that faith is without works", Martin Luther. Luther's works [M]. vol34: 175-176.
[④] 《新约·雅各书》,第2章14节。
[⑤] 《新约·雅各书》,第2章12节。
[⑥] 《新约·罗马书》,第3章20节。
[⑦] 《新约·雅各书》第2章19节特别指出,这里所说的"信",是那个意义上的"信",而不是基督徒对上帝的信仰这个意义上的"信"。

里所说的"律法"和"信",与保罗所说的含义不同。所以,当他说出"称义是因着行为,不是单因着信"的时候,其实指的是"因(自由的,源自恩典,使人成就的律法所导致的)行为,①而非单凭(一般意义上的)信心而称义"。与路德从保罗书信里总结出的"因(真正的,源自对上帝的爱的)信,而非(否定意义上的律法所导致的,律法主义层面的)行为称义",其实是不矛盾的。

因此,正如林鸿信指出的那样,路德的立场,是在反律法主义与律法主义之间的。② 也就是说,他既反对律法主义,也反对否定律法的意义。在路德看来,律法也是恩典的产物,与福音并不对立,错只错在信靠律法而非恩典。

以上,就是路德对《雅各书》中相反论断的回应思路。他的最终方案,是将"信"和"律法"的概念进行了细分,从而使得"因信称义"和"称义是因着行为"这两个表面上看起来完全对立的论述,具有了同时成立的可能。但是很明显,这需要三方面的界说:1. 对"信"的不同理解(一般性的/严格意义上的);2. 对律法的不同理解(使人自由的/使人知罪的);3. 律法与行

---

① 事实上,雅各在这里举出的,亚伯拉罕和喇合"因行为称义"的例子,也都是主动性的,是"这样做可以被称为义"的行为,而不是律法主义通常所强调的那种否定性的,也就是"不这样做就会被定罪"的行为。这也正是为什么他会说,自己讲的乃是"使人自由的律法"——这跟因为持守戒律,没有亏欠律法而称义,是完全不一样的。

② 林鸿信. 路德的律法观——反律法主义与律法主义之间 [J]. 台湾神学论刊,2010(12).

为的关系（肯定性的/否定性的）。而由前所述可以明显看出，这是一项非常复杂，并且很难说彻底解决了问题的工作。①

二、圣经特有的"义/罪"概念框架：与儒家比较

路德没有意识到的是，想达到自己的目标，其实并不需要如此复杂的概念切分。有一个简单的办法，那就是直接挑明，与世俗的一般性理解不同，在圣经文本里，存在着一种特殊的"义/罪"概念框架。

正如哥白尼的日心说在改变参照系之后，得到了一个比托勒密的地心说简洁得多的天体系统。同样，既然在这个问题上，路德所说的信、律法、行为这三个概念，都是围绕着"称义"展开的，那么直接以"称义"为核心，就可以得出一个更简洁的辩护思路，即：之所以"单凭信心即可称义"，是因为"义/罪"的特殊概念框架，而这正是圣经之教化区别于其他世俗经典的根本特质。路德正是因为严格地遵循了这个框架，才会得出"因信称义"这个深刻揭示基督教信仰之本质的结论。

换句话说，正如路德勉强承认的那样，保罗的"因信称义"

---

① 甚至即使在做到这三点之后，还会产生新的问题，也就是模糊"因行称义"和"因信称义"的区别。这是因为，当一个人是按照"代表恩典、使人自由、肯定性的"律法行事时，行为与信心是很难区别的。比如，《雅各书》提到的亚伯拉罕献子和喇合帮助以色列人的例子，就很难说使之称义的，到底是信心还是行为。

和雅各的"因行为称义"可以同时成立，但是（这是对路德立场的延伸而非否定）由于保罗的"因信称义"更切合基督教的"义/罪"概念框架，所以不只是更能揭示福音的本质，[1] 还更能从整体上代表圣经所传达的基督教真理。

追本溯源，思想，总是在概念框架里进行的，思想的冲突，背后也往往潜藏着概念框架上的差异。而在包括宗教在内的思想领域，同一个概念，有什么样的概念与之相对，并不具有逻辑上的必然性，而是一种基于集体潜意识的，自由且共同的创造的结果。因此，概念之间的对应关系，不能只以逻辑推测，也不能只看某几句话里的说法，而要对经典文本的整体进行观察、分析和总结。一旦相应的概念框架得以揭示和显明，我们就可以更有效地解释，思想为什么是这样而不是那样运行的，并且反过来评价，哪种思路更符合该文化的内在逻辑。

比如，从形式逻辑上说，"义"的反面是"非义"。可是自然语言里，很少有人会以"义/非义"这样的概念框架来解释社会现象。[2] 我们更熟悉的，是用类似阴/阳、道/器、礼/法、情/理

---

[1] 如果只在恩典的意义上谈"因信称义"（事实上路德正是这样做的，"唯独恩典"必然导致"唯独信心"，这是逻辑自洽的，只是如何从"唯独圣经"到"唯独恩典"，还需要进一步说明），那就又会陷入各说各话的境地。因为律法规范的是行为，所以从律法的意义上可以因行为称义；恩典是白白获得的，所以从恩典的意义上可以因信称义。而本文正是要说明，"因信称义"揭示了更深刻的基督教真理，而非只是像"因行为称义"的说法那样，从某个角度看可以说被认为具有合理性而已。

[2] 比如，法律上会说"罪与非罪"，但是日常语言则会说"有罪还是无辜"。二者有交集，但是前者明显严格得多，和普通人的理解方式很不一样。

这样约定俗成的，而非形式逻辑推导出来的关系概念来思考问题。而后者之间的对应，其实更多是基于特定领域的文化习惯。①

那么，在基督教的经典文本里，与"义"对应的是什么呢？或者说，"非义"，在基督教文化里更多地被理解成什么呢？

"非义"的表现形式有很多，比如，"义利之辩"作为中国哲学的重要主题，就是把"非义"的主要形式理解为"利"。不过，圣经虽然经常提到"义"的概念，但是义与利的冲突，并不是一个常见主题。事实上，圣经（中文和合本，下同）里直接把"义"和"利"放在一起来说的只有3处，分别是"义人家中，多有财宝。恶人得利，反受扰害"，②"多有财利，行事不义，不如少有财利，行事公义"，③"行事公义，说话正直，憎恶欺压的财利"。④ 而这些都不是义与利的直接对立。

相比之下，"义"与"财"同时出现倒有25次，而且大都特别强调，反对的只是"不义之财"（8次），以及"倚仗自己财物（而不倚仗神）"。⑤ 这同样也不是把义与财直接理解为对立的概

---

① 比如说，"不道"才是逻辑上与"道"对应的概念。但是在道家的文本里，"不道"只是指一种状态（比如，"不道早已"），而不是与"道"对应的概念。谈到形而上学的时候，与"道"对应的是"器"（具体事物）。但是在讲到生成论的时候，"道"对应的则是"气"（物质基础）。明白了这一点，就可以利用与"道"对应的概念，反过来推导出，这段话是在什么意义上谈"道"的。
② 《旧约·箴言》，第15章第6节。
③ 《旧约·箴言》，第16章第8节。
④ 《旧约·以赛亚书》，第33章15节。
⑤ 《旧约·箴言》，第11章28节。这一点特别重要，因为《新约》福音书里3次提到耶稣说"骆驼穿过针的眼，比财主进神的国还容易"（分别是《马太福音》第19章24节、《马可福音》第10章25节、《路加福音》第18章25节），指的就是"倚靠钱财的人"（《马可福音》第10章24节），而非纯粹只是有钱人。

47

念。同时，圣经提到"财"272次，"富"108次（绝大多数都是正面的），提到更抽象的"利"只有25次。总之，中国人特别熟悉的"义/利之辩"这个概念框架，并不适用于圣经文本。

相应地，圣经中有1252处提到"罪"，1118处提到"恶"，① 其中有95次是"义"与"罪"在同一段话里，131次是"义"与"恶"在同一段话里，作为对应关系并称的。② 新约里体现"义（rightousness）+罪（sin 或 sinner）"对称结构的则有38处之多，另有5处是将义与恶（bad 或 evil）对应。由此可见，与"义"相对应的概念，在圣经里往往都是"罪/恶"。

这个现象的意义，必须要在比较中才能显现出来。以儒家为例，《论语》在20个段落里提到24次"义"，没有一例与"罪/恶"相关。《孟子》在52个段落里108次提到"义"，最接近与"恶"并称的，却只有"羞恶之心，义之端也"而已。③

这其实是个很奇怪的现象。因为，如果你直接去问一位儒

---

① 其中92次是重合的（提到"罪恶"）。另外新约比旧约更少提到"罪"和"恶"，但是提到"义"特别是"称义"的频率更高。以英文版（KJV）搜索，旧约与新约提到 sin, salvation, righteousness 的频率分别是 1.05∶1, 0.85∶1, 0.69∶1, 旧约提到 redeem（redeemed）, curse（cursed）, wickedness 的频率显著高于新约；而新约提到 sinner, sinful, forgive, forgiveness, redemption, just, justified 的频率显著高于旧约。

② 其中有26次重复，也就是义、罪、恶三字存在于在同一段话里。

③ 《孟子·公孙丑上》。在这里，羞恶之心开启了义，却并不是义的对立面。当然也可以勉强说，羞恶之心本身就是针对"恶"的一种"义"，但是这句话的主旨是在讲义的情感根源，而不是在对"义"本身进行辨析。所以这也称不上是一种将"义"与"罪/恶"当成对立概念并称的思路。另外，笔者对《礼记》《孝经》《荀子》等也进行过类似的检索，都得到了相同的结论。限于篇幅，就不——列举具体数据了。

48

士："不义，是不是一种罪/恶？"所有人都会给出肯定的回答。但是偏偏在论述"义"的时候，在儒家的概念体系里，通常并不是把它和"罪/恶"对应起来的。也就是说，逻辑上儒家与基督教没有不同，都是把不义当成罪恶；但是就思考问题时的文化习惯而言，儒家并不存在"义/罪"这种基督教特有的底层概念框架。

而在儒家的话语体系里，真正构成"义"的对立面的，不是"罪/恶"，而是"利"。在谈到"利"的时候，儒家的基本经典也大多将其置于"义"的对立面。《论语》里7次提到"利"，[1]比如，"君子喻于义，小人喻于利"（《里仁》）、"子罕言利"（《子罕》），"见利思义"（《宪问》）。而其中，除了"因民之所利而利之"（《尧曰》）这个针对小人的原则，以及"智者利仁"（《里仁》）这种中性的说法之外，其他都是带有明确贬义的。

而在《孟子》中提到"利"的11段话里，利更是被明确地置于义的对立面。除了"周于利者，凶年不能杀"（《尽心下》）和"利之而不庸"[2]（《尽心上》）还算中性之外，就算是墨子的"利天下"（同上），宋牼以利说服秦楚罢兵（《告子下》）这样

---

[1] 这里只看利益之"利"，其他只是出现"利"这个字的情况，比如，"利口"等，都已经被排除了。下同。

[2] 与孔子所说的"因民之所利而利之"（《论语·尧曰》）一样，这句话的对象也是"小人"，也就是一般民众。在这个意义上的所谓"中性"，其实仍然是一种贬义。所以严格来说，孟子提到"利"这个概念的时候，只有一次是中性的。

崇高的利他行为，也是应该否定的。在孟子看来，只要是以"利"的思路去想问题，公利和私利并没有什么不同。正是因为"利与善之闲"（《尽心上》）从动机上来说微妙难辨，从结果上说又是失之毫厘谬以千里的，所以才更要警惕。而且孟子清楚地意识到，哪怕只把社会最大福祉的"公利"当成原则，也会带来与仁义不可调和的矛盾，今天"枉尺而直寻"，明天就可以"枉寻直尺"（《滕文公下》）。所以说，利是义的直接对立面，中间没有缓冲地带。①

三、为什么说"因信称义"比"因行为称义"更切合圣经的概念框架

以上分析的初步结论是：基督教具有一种"义/罪"概念框架，而在与儒家的对比中我们会发现，这种概念结构并不是逻辑上必然如此的。也就是说，它不是纯语言或者逻辑层面的问题，背后存在着文化意义上的选择。

而进一步说，正是因为"因信称义"是基于这种"义/罪"

---

① 这并不是说，儒家不承认人的合理欲望和利益。恰恰相反，在这一点上儒家比基督教温和得多。只是因为儒家不承认"利"可以构成一种独立的合理性原则，所以"利"才永远处于"义"的对立面，在涉及利的时候就必然提到义，很少像圣经那样，可以把富有家财纯粹当成一种蒙福状态加以正面描述。这更不是说，儒家的"义"不具有超功利的意义，只是，当义被置于"义/利"的概念框架之中的时候，它所肯定和否定的，都是行为层面的东西。用一种吊诡的方式说，正是因为"义"永远都在针对和警惕"利"，所以它才会被"利"完全限定，看不到"非义"还有别的可能。

概念框架的，所以它比"因行为称义"的说法，更能体现基督教教义的本质。

回到前面说到的马丁·路德。如前所述，路德不得不承认，《新约·雅各书》所谓"称义是因着行为"具有某种意义上的合理性。问题是，这需要对"行"和"信"各进行两层划分，也就是分出"源自恩典的行"（比如，亚伯拉罕献子）和"律法主义的行"（比如，守安息日），以及"一般意义的信"（比如，魔鬼同样相信上帝存在）和"源自爱的信"（比如，因为爱上帝而产生信仰）。但是在这个有关"信—义—行"三者的难题里，最重要的"义"，反而被忽略了。

事实上，义有两种，一则与罪相对，关注的是补赎过犯；一则与利相对，关注的是内心的出发点。世俗意义上的义多指后者，按照"义/利"概念框架思考问题；而基督教所说的"义"多指前者，按照"义/罪"概念框架思考问题。这并不是说，见利忘义等行为在基督教信仰中就不是一种罪，而是说，当基督徒在思考"称义"问题的时候，其思维模式与非基督徒存在着微妙却重要的区别。

那么，这个"义/利"概念框架，又会导致什么思路呢？这里可以参考一下孟子所强调的"利与善之闲"。也就是说，看起来很相似的行为，由于动机发端上存在微妙区别，结果会有根本性的不同。孔子所谓"仁者安仁,知者利仁"①的说法,也正体现了这个思路——只有"志于仁",也就是以仁本身为目标,与"非义"彻底切割,才能完全保证"无恶"。而这就意味着,既然义的反面是利,所以只要去掉利这个层面的考虑,也就自然可以做到"志于仁"而称义了。当然,普通人就算克己复礼终身行之,也很难达到从心所欲而不逾矩的圣人境界。但是路径是明确的,而且都是在自己身上用力。

切换回基督教的话语体系。这个依靠"志于仁"的发心,以"非利"的方式实现"义"(无恶)的思路,在操作层面,其实就是典型的"以(遵循律法的)行为称义"。前提上,与"志于仁"对应的是"爱上帝";过程上,与"非利"对应的是"遵守神的律法,在任何事情上都不因自己的喜好而亏欠律法";结果上,做到这一点,就可以被称为义。所以说,"因(律法)行为称义",是可以与儒家思想兼容的,区别只是对律法来源的不同理解而已,而之所以如此,是因为它们都是以"义/利"这个概念框架来思考问题的。

可是,如果换成"义/罪"这个概念框架,情况就会大不相同。由于此时与义对应的不是利,而是罪,所以"对利的彻底否定",也就是在任何事上都不因自己的喜好行动,只以律法为唯

---

① 语出《论语·里仁》,《礼记·表记》又加了一个"畏罪者强仁",这同样是在强调,必须把"仁"本身当成目标。

一原则,^① 就不能被称为义。换句话说,在"义/罪"框架下,称义对应的是"罪得赦免",而不是"对利的彻底否定",而这根本就不是凭行为能够实现的。

这是因为,与"(逐)利"对应"克己"不同,罪对应的是"赎"。而赎罪的关键并不是自己的行为,而是被冒犯者的意志。无论多么高尚的行为规范,都不能使人重新获得上帝的悦纳,至少不像"我欲仁斯仁至矣"那样直接。所以相对来说,在基督教"义/罪"的概念框架里,在我们谈到"义"的时候,首先应该想到的是"世人都犯了罪,亏欠了神的荣耀",[②] 也就是想到"亏欠了什么"和"该如何挽回"。而非像在"义/利"的概念框架下那样,谈"义"的时候首先想到的是"应该做什么"(义者宜也)和"不应该做什么"(克制利益诉求)。

而这个"义/罪(亏欠)"的思路,与"义/利(不宜)"的思路最大的区别,就在于后者导向的是行为,最终的归宿是律法主义,[③] 而前者导向的是信心。这个信心包括两部分,一是与

---

① 正如前文所言,严格来说,任何因个人喜好而从事的行为,哪怕是因为追求公利,也是不义的。所以只有彻底否定"利"才能称义。而要做到这一点,就只能排除个人喜好,遵循既定的社会规则做事。在儒家是礼,在基督教则是律法。
② 《新约·罗马书》,第3章23节。
③ 当我们在"义/利"这个概念框架下想问题的时候,"称义"就变成了一个不断摒弃个人欲求,以遵从社会规范的修炼过程。最终的理想境界是"从心所欲而不逾矩",也就是将律法内化于心。而这个过程,始终是以行为来评判的。

亏欠相伴而生的对上帝的爱,① 这就区别于前面提到的所谓"魔鬼也相信上帝存在"这种一般意义上的信;二是对上帝之救赎的绝对信靠,因为既然犯罪的对象是神,救赎也只能完全来自神。这样,就避免了因为行为上的纯洁自守而自以为义的情况。

所以说,从"义/罪"与"义/利"这两个框架的不同,就能够推导出之前提到的三点:1. 对信的区分,2. 对律法的区分,3. 对律法与行为关系的区分。如下图所示:

	对信的 不同理解	对律法的 不同理解	律法与行为的关系	结论 (路德的调和之论)
义/罪概念框架	与称义对应的是(非行为层面的)知罪,罪意味着亏欠,亏欠导致爱与绝对依靠意义上的"信"	义对应着罪,而律法使人知罪,律法的完全,彰显人的不完全	律法导致否定性的,持守戒律的行为	因信称义——因为知罪(亏欠)而产生对上帝的爱与信靠,上帝以此算作人的义。虽然信心必有行为与之对应,但是信心的称义与行为无关

---

① 如果不以"义/罪"框架来理解,对上帝的爱与亏欠(信),就无法成为称义的关键。这一点可以从路德在取得神学突破之前,以契约神学术语对"因行为称义"的辩护中看出来。路德当时的思路是:神先使自己由债权人变成债务人(也就是通过背负十字架,反过来为世人赎罪,这是白白施予的,并不是由于人的功德),再设置称义的最低条件,使人通过满足它得以称义。从后一个方面来说,人在称义上并不是毫无功德的。这个解释,从前一方面(白白施予)来说,其实已经非常接近"因信称义",只是因为没有显明"义/罪"的对立,所以逻辑上还差最后一个环节——在任何时候,人之所以称义,都不是因为满足行为上的标准(这是义/利框架的指向),而是因为罪得赦免,所以对上帝的爱贯穿称义的始终。参见张仕颖. 路德的神学突破 [J]. 世界研究研究, 2014 (2).

54

续表

	对信的 不同理解	对律法的 不同理解	律法与行为 的关系	结论 (路德的调和之论)
义/利 概念 框架	与称义对应的是（行为层面的）摒弃欲求遵从规范，成为完全的人，上帝作为规范的制定者和应许的保证者，获得的是一般意义上（信其有）的"信"	义意味着宜，也就是只做该做的事，律法一方面告诉人当行与不当行，另一方面又保障了如此行事的应许。从这个意义上说，律法是上帝的恩典，使人自由	律法导致肯定性的、爱上帝的主动行为	因行为称义——恩典的律法使人自由，由此导致的主动行为，是称义的必要条件，单凭一般意义上的信心不足以使人称义

以此观之，"义/罪"与"义/利"这两个概念框架的差异，是路德调和保罗与雅各的这套复杂方案背后的简单原因。也就是说，保罗和雅各是在两个概念框架下想问题的，由此才产生了不一致的说法。他们都能够自圆其说，但是从保罗到路德的"因信称义"理论所使用的"义/罪"框架，更切合基督教教义的本质。

以《雅各书》中提到的喇合与亚伯拉罕为例。的确，他们凭借信心主动做出了伟大的行为，因此被视为义人。可是，亚伯拉罕的信心表现为以子献祭，喇合的信心表现为保护以色列使者，这些都是超越律法义务的行为。也就是说，并不是因为遵循律法而称义，而恰恰是因为超越律法而称义。亚伯拉罕得到神的启示要求献出长子，喇合说"我知道耶和华已经把这地赐给你们"。① 他们其实都没有律法上的义务做出（被认为是）使其称义的行为，也就是说，是无"宜"（明确的行为规范）而有"义"。是因为超越本分而成为义人的代表，而不是因为与个人欲望斗争并守住了既定的"正道"（这是义/利框架）而被称为义人。

进一步来说，按照律法主义的解释，行为之所以能够称义，本是因为遵守律法。然而现在，既然超出律法的行为被称为义，就说明原本使行为称义的，不是行为与律法的契合，而是在行为背后，由于对上帝的爱与绝对依赖而产生的信心。而这就是义/罪框架了。的确，这信心总要表现为某种行为，否则就无法察觉，也没有资格被称为真信心。但是，要表现出同样的信心，并不一定总是同样的行为。否则就不是自由的行为，而是律法意义上的行为。关键的区别就在于，律法主义下的行为，是"信"与"行"明确对应的——信上帝，就守安息日；不能守，信心就不足够。然而，那些所谓使人称义的行为，是以信心为前提做出的自由选择，也即是对常态的突破而非遵循。

比如说，亚伯拉罕在以子献祭的全过程中，都表现出一种沉默和遵从的态度，② 这当然是信心的一种表现。但是，在即将以

---

① 《旧约·约书亚记》，第2章第9节。
② 虽然克尔凯郭尔在《畏惧与颤栗》中，发挥个人想象对此进行了细致的心理描写，但是在圣经的原文中（《旧约·创世纪》，第22章2—10节），亚伯拉罕是极其平静地完成这一系列过程的。

自己献祭之前，耶稣在客西马尼园祷告时3次呼告上帝"求你叫这杯离开我"，① 这难道是没有信心的表现？又比如说，喇合帮助约书亚派来窥视耶利哥城的两个探子，是先让他们起誓确保其家族安全，② 然后再帮助他们逃脱。难道说，与直接提供不附加要求的帮助相比，先让对方做出保证再帮忙，是亏欠了称义的成色？

显然，以上质疑是不成立的。正因为如此，"信心必须对应行为"不假，但"信心对应什么样的行为"并不一定，而这并不影响称义这个结果。行为在程度上的差别，甚至表面上的冲突，不能说明信心的有无。所以说，行为可以证明信心的真实存在，却并不是称义的最终依据。前面提到的路德所谓"信心的称义无须行为是一回事，信心的存在无须行为则是另一回事"，就是这个意思。

总之，同一个概念，当被置于不同的理解框架之中的时候，也就会产生不同的理解模式。③ "称义"这个概念，当被分别置于"义/罪"与"义/利"这两个框架之中的时候，就会产生对于"信"和"行"的不同偏重。"因信称义"之所以可以和"称义是因着行为"同时成立，就是因为两个命题处于不同的概念框架

---

① 《新约·马太福音》，第26章39节。
② 《旧约·约书亚记》，第2章12—13节。
③ 比如，同样是"义"这个概念，还可以延伸出"仁/义""礼/义"这样的概念框架，从这个角度看儒家内部的思想差异，也是会很有启发的。但这并非本书主旨，所以就不展开论述了。

之中。但这并不意味着二者具有同样的价值，事实上，以马丁·路德为代表的"因信称义"学说，更深刻地揭示了基督教教义的本质，也就是使其区别于儒家这样的世俗思想体系的，微妙却根本的特征。

第三章

儒耶人格养成论的中古转型期

在上一章里，我们以"养气"和"称义"的概念为核心，主要通过对孟子"知言养气"和保罗"因信称义"思想的比较分析，以及对二者背后"义/利"与"义/罪"不同模式的揭示，阐述了基督教与儒家在人格养成论方面的根本区别。但是，思想史的发展永远都不是线性的，虽然孟子与保罗的人格养成论思想，给儒家和基督教分别奠定了基调或者说底色，但是后续的思想进程，并不是这两个思路的单纯深化和拓展，而是分别经历了相似的反复和重建。

具体来说，孟子以性善论为前提的"直养而无害"的方法论，受到了荀子为代表的，以性恶论为前提的"化性起伪"说的挑战。而保罗以"神恩独作论"（monergism）为前提的"因信称义"思想，既在外部受到摩尼教善恶二元论的挑战，在基督教内部也要面对人神"合力论"（synergism）的干扰。养气与称义这两个概念，在儒耶中古转型期的重建，是以一种辩证的方式进行的，而它们的再次被强调，也体现为新的形式。

第一节 性恶论对"知言养气"进路的挑战

如前所述,对于儒耶以"养气"与"称义"为进路的人格养成论的研究,重点探讨的是儒耶人性论的"动力因"问题。而"动力因"不能单独显现,必须被置于理论体系之中才能成立。所以进一步说,我们必须厘清的是,儒耶人性论的理论预设,在思想史的发展中有什么样的变化。

概言之,"知言养气"之说以"人性本善"和"天人合一"为前提,"因信称义"说以"人性本罪[①]"和"神恩独作"为前提。然而,正是在这两个前提上,孟子和保罗开创的这两个根本进路,在后世受到了很多挑战。虽然这些挑战,并不足以否定二者作为儒耶人格养成论之根本的地位。但是我们必须先回顾这些挑战并且承认其合理性,然后才能正确理解,后世承续儒耶人格养成论之正统的思想家们做了哪些工作,有着怎样的历史地位。

孟子的人性论,是在与告子等人的论战中呈现出来的,并且

---

① 关于人性的道德本质,通常说的都是性善与性恶之别。但是严格来说,基督教讲的是"人性本罪",恶只是罪的表象。如果只讲中西比较,固然可以大致地讲有性善与性恶之分,但是如果深入思想内核,则基督教讲的性恶,与荀子讲的性恶还是有很大区别的,最根本的不同是,基督教的性恶是基于自由意志,而荀子讲的性恶是基于自然秉赋。而以基于自由意志的现代道德观来看,后者其实并不是恶,至少不是根本之恶。所以本文在提到基督教的时候,统一用"人性本罪"或者"人性的根本恶"这两个说法以示区别。

很快又受到荀子的直接反驳。①。朱熹在《孟子集注》里说"告子言人性本无仁义，必待矫揉而后成，如荀子性恶之说也"，就是把告子与荀子这两家视为一派。表现上看，告子的中性论和荀子的性恶论是完全不同的，但是我们仍然可以说，朱熹采取了一种很聪明的处理方式。因为，虽然从逻辑上来说，关于人性之善恶的界定存在多种可能性。② 但是，这些分类方法都不如朱熹的思路更清晰，那就是：仁义这样的道德属性，到底是人性中内在固有的，还是外在"矫揉而后成"的？外在论为一家，内在论为一家，外在论容易滑向法家，内在论才是儒家之正宗。这个分法，这就是朱熹的高明之处了。

外在论的共同之处，就是把后天的教化放在更根本的地位上，也就是更强调荀子所谓"化性起伪"的这个"伪"，而这正

---

① 学界亦有人反对荀子是性恶论者，认为荀子的性恶说是后学之人的汇编，而非荀子本义。但是首先，无论如何，《荀子》的文本里提出了性恶论的主张，而且这一主张在中国思想史上得到了热烈的探讨，这一点是不争的事实。其次，就算《荀子》里有很多有关人性的比喻并没有性恶论的意味（参见申云同．从劝学、性恶的多个比喻看荀子及其后学的人性论［J］．现代哲学，2017（6）），大概率也只能说，在教化（劝学）这个领域，想要贯彻其性恶论的主张是很难的，而不能证明荀子没有"恶比善更根本"的思想。而且也有人认为，荀子的人性论本来就兼具性朴（继承生之谓性的古义）、性恶（荀子的独特阐发）和向善（坚守儒学基本立场）这三个层次，参见王军．性朴、性恶与向善：荀子人性学说的三个层次［J］．现代哲学，2016（1），此说比"荀子不是性恶论者"要更能成立。

② 比如，中性说（"性无善无不善"或者"性可以为善，可以为不善"），杂糅说（"有性善，有性不善"），或者像西汉的董仲舒那样把人性分为君子小人和中人三品等。东汉荀悦总结说："孟子称性善，荀卿称性恶，公孙子曰性无善恶，扬雄曰性善恶浑，刘向曰性情相应，性不独善，情不独恶。"（《申鉴·杂言下》）

是孟子极力反对的,以人为之外力的"揠苗助长",根本原因则是这样做就意味着"未尝知义,以其外之也"(《孟子·公孙丑上》)。回到孟子的理论原点,"知言养气"之说,预设了一个均质的,具有内在道德意义的自然与人的天人合一的世界。所以,当公孙丑问孟子"恶乎长"的时候,孟子的回答是"知言"与"养气"。为什么这里存在并列关系?或者说,为什么"知言"被放在如此之高的地位?因为"知言"其实就是知心,也就是知人;"养气"其实就是知天,同时也是自知。所谓"诐辞知其所蔽,淫辞知其所陷,邪辞知其所离,遁辞知其所穷",并不是一个单纯的"辨析言辞"的修辞学或者心理学问题,而是和"知天命"一样层次的圣人境界。

正因为如此,在《孟子·公孙丑上》的"知言养气"章里,我们才会看到这样一段有趣的对话。公孙丑问孟子:孔子都说"我于辞命则不能也",而你居然说自己"知言",岂不是说你已经是圣人了?孟子的回答很妙,他并没有直接回答自己是不是圣人,而是说,孔子事实上已经是圣人,只是自己不以圣人自居而已,[①]孔子尚且不敢自居,我又怎么敢说自己是圣人呢?

这段话的逻辑,乍看非常奇怪,特别是考虑到后面公孙丑接着问,你是像子夏、子游那样"有圣人之一体",还是像冉牛、

[①] 按照原文的逻辑,孔子说自己并不是圣人,只不过是"学不厌而教不倦"罢了,可是孔子的学生子贡则说,"教不倦"就是仁,"学不厌"就是"智",而"仁且智"的就是圣人。所以这段话实则是说,孔子就是圣人,只是自己不好这么讲。

颜渊那样"具体而微"呢？孟子的回答是"姑舍是"，这就更奇怪了——以孟子之能言善辩，怎么会出现这种"你别往下说了"的回应呢？唯一可能的结论是：孟子非常重视"知言"这项能力，而且也知道这是圣人境界，只是碍于孔子的自谦，不好把这个问题说得太直白罢了。那么，"知言"为什么这么重要？因为"知言"其实就是"知人"，"不知言，无以知人也"（《论语·尧曰》）；而且"知人"又是君子修身、事亲、知天命中的重要一环，所谓"君子不可以不修身；思修身，不可以不事亲；思事亲，不可以不知人；思知人，不可以不知天"。（《中庸》）

然而，儒家毕竟不像西方哲学那样，具有一种逻各斯中心主义的精神。也就是说，在儒家的体系里，语言不能构成人的核心规定性。所以对"知人"而言，这个"知言"的"言"，也还需要"气"来补充。这就是为什么孟子同时也说："存乎人者，莫良于眸子。……听其言也，观其眸子，人焉廋哉？"（《孟子·离娄上》）这个"眸子"是什么？是不可遏制的道德情操直接地"中心达于面目"（《孟子·滕文公上》）的表现。固然，以孟子本身的思路而言，这是对"知言"的一个补充，但是对后世的论敌而言，这就给"知言"和"养气"之间留了一个口子，成为可以攻击的罅隙。比如，东汉的王充，在《论衡·本性》第 4 章中，就直接反驳孟子说：

孟子相人以眸子焉，心清而眸子瞭，心浊而眸子眊。人生目眣眣了，眣了禀之于天，不同气也……性本自然，善恶有质，孟子之言情性，未为实也。

很明显，王充在这里敏锐地意识到，"眸子"反映的不是"言"，而是自然禀赋的"气"。那么，既然眸子里看出的东西是有善有恶的，孟子又凭什么说人性就是善的呢？

应该说，王充在这里所说的"性本自然"，与告子所谓"生之谓性"，倒是更接近比原始儒家更古老的中国哲学传统。因为从字源考据的角度说，"生"与"性"本是一字，后者的出现晚于前者，是对前者的更抽象、更具超越性，从而也就更具有规定性意义的认识。也就是说，自然天地之本原意义上的"生"，即是天人相通之"性"，但是后者更具道德性和规范性。

具体涉及对人性的理解，"生"对应的是"描述性定义"，"性"则更多地具有"规范性定义"的意思，而孟子更强调的是后者。这也正是为什么他直接驳斥告子的"生之谓性"，说这表面上是跟"白之谓白"一样的同语反复，其实却是把犬之性、牛之性跟人之性混为一谈的。用现代逻辑来表述，这段话的意思是说：白雪和白羽的白是同样的白，犬之性与牛之性是同样的性，因为作为自然物，这些都是描述性定义。但是人不一样，因为对人的定义，不是描述性的，而是规定性的或者说超越性的。① 人的定义，不是人"实际上是什么样的"，而是人"应该是什么样的"。孟子所谓无四端之心非人也，也正是基于这个思路——不是说在生物学的事实上不是人，而是说"这不是人应该有的样子"。

理解了以上这一点，才能真正意识到孟子对于儒家哲学的贡献，以及先秦儒家的创造性所在。其实，当荀子在说"庄子蔽于天而不知人"（《荀子·解蔽》）的时候，也是站在儒家立场上反对只讲人的自然性；当荀子在说"君子之所谓知者，非能遍知人之所知之谓也"（《荀子·儒效》）的时候，他也暗示了自己承认，把握住人性中最关键的，具有规定性的属性，就可以说是"知人"了。分歧只是在于：这个最关键的东西，到底是善还是恶？

荀子对"性恶论"的论述，基本都是在直接反驳孟子的立论基础之上再立一说。主要有三个思路：1. 反面论证，也就是通过论证"善者伪也"来论证"人之性恶"。2. 正面论证，也就是论证顺乎本性是推不出至善的。3. 绕过理论上的辩难，以操作性的后果来进行论证，也就是指责性善论最多只是理论上自洽的"坐而言之"，但是"起而不可设，张而不可施行"，甚至会导致"去

---

① 这里可以比较一下古希腊哲学有关"人是两脚直立无毛的动物"和"人是有理性的动物"这两个定义。前者是描述性的，试图在所有表象中找到最关键的那些要素；后者则是规定性的，回答的是"具有什么样的本质才有资格被称为人"这个问题。显然，后者更符合我们对于"人"的一般性理解。

圣王，息礼义"，否定后天教化之意义的恶果①。

首先说反面论证。荀子在说性恶的时候，几乎永远都跟着一句"善者伪也"，也就是说，性善性恶的问题，关键是看善是外在的还是内在的。荀子试图通过善是外在的，来反面论证恶是内在的。这个论证思路中，最重要也最精彩的一段话是这样的（《荀子·性恶》，第1、4章）：

> 人之性恶，其善者伪也。今人之性，生而有好利焉，顺是，故争夺生而辞让亡焉；生而有疾恶焉，顺是，故残贼生而忠信亡焉；生而有耳目之欲，有好声色焉，顺是，故淫乱生而礼义文理亡焉。然则从人之性，顺人之情，必出于争夺，合于犯分乱理，而归于暴。故必将有师法之化，礼义之道，然后出于辞让，合于文理，而归于治。用此观之，人之性恶明矣，其善者伪也。……不可学，不可事，而在人者，谓之性；可学而能，可事而成之在人者，谓之伪。是性伪之分也。

---

① 性善和性恶论最难回答的问题分别是："如果人性本善，教化有什么意义？"以及"如果人性本恶，有意义的教化从哪里来？"对前一个问题，孟子的回答是（根据荀子的引用）："人之学者，其性善"（《荀子·性恶》，第3章），也就是说，正因为人性本善，才会自觉地想要接受教化。对于后一个问题，荀子的回答是"礼义者，圣人之所生也"（同上，第4章），也就是偷偷地预设了"圣人之性本善"，使圣人之性成为教化的保证。这也是后来董仲舒把人性分为三等的理论根源。

这里最关键的一句话是:"从人之性,顺人之情,必出于争夺,合于犯分乱理,而归于暴。"从逻辑上说,对性情的"顺",就是欲望的无节制扩张;而所谓"恶"(也就是这里说的"争夺""犯分乱理"和"暴"),本质也正是欲望的无节制扩张。所以人性本恶,是一个绝不可能错误的分析性命题。①

由此可见,问题的关键是:荀子把"顺乎性情"定义为恶,因为无节制的欲望扩张必然导致争夺暴乱;孟子把顺乎性情定义为善,因为这是对浩然之气的直养无害。他们的说法都能够自圆其说,而真正的区别,按照牟宗三独创的说法,就在于是否存在所谓"良知的自我坎陷"。

牟宗三认为,儒家的"内圣"学说是道德的直贯推演,由于缺乏自我否定精神,所以只讲道德,而开不出现代的民主与法治。他的原话是:"道德不能内在于自己而做直线的推演,因此乃自我封闭……要克服此矛盾而恢复其道德性,即须让开一步作自我否定,通出去绕一个弯而再回归于自己,否则道德要停死在那里,中国文化即有此一病态。"② 姑且不说这是不是"病态",至少牟宗三认为,这是中国文化的实然之"常态"。可是,按照"良知的自我坎陷"这个说法,荀子这里已经出现了对道德之

---

① 也就是说,只要接受荀子的定义,就必然得出同样的结论。然而这个逻辑的问题是,按照它的说法,即使是对本来应该是善的东西,比如,"慷慨大度",只要毫无节制地"顺是"推到极端,也可能导致不好的结果。照此说来,岂非一切皆恶,就没什么是善?
② 牟宗三. 人文讲习录 [M]. 长春:吉林出版集团,2010:162.

"直线推演"的自我否定,为什么还是只能推出法家的"法制",而不能推出现代意义上的"法治"呢?

根本原因在于,仅有"良知的自我坎陷"是不够的,这个自我坎陷的良知还需要清晰地意识到,这种"坎陷"同样也是其内在的要求。由此而论,对于"道德的自我否定"这一点,孟子有"自我"而无"否定",因为他把自我等同于自然;荀子则是有"否定"而无"自我",因为他把否定当成了外在的东西。事实上,"伪"的意思虽然是"人为之,非天真也"(《说文》),但是辩证地说,如果这个"伪"是必然存在的,无论如何都不能消除的,那它就恰恰反映着人性之"真"。用荀子自己的说法,"今人之性,生而离其朴,离其资"。但是荀子没有意识到的是,这个背离,本身也是人性的一部分,并不是人性的"失而丧之"。①

进一步说,孟子其实已经暗示过这个思路,但是荀子马上把它否定掉了,以至于牟宗三所说的"良知的自我坎陷",在儒家传统中并没有变成一种自觉。荀子引用了孟子所谓"人之学者,其性善"的说法,② 这本来是一个深化对于人性的辩证认识的契机。可是荀子只是简单直接地反驳说,这是因为没有区别"性"与"伪"。"不可学,不可事,而在人者,谓之性;可学而能,可

---

① 《荀子·性恶》,第6章。
② 值得注意的是,这个说法不见于《孟子》而见于《荀子》。这应该是因为,荀子是在论战中把这当成前者一个重要的论点(或者是把孟子的相关思想归纳成这种表述),而孟子并没有考虑到相关的论战语境,所以没有专门这样的表述。

事而成之在人者，谓之伪。"① 然而按照孟子的意思往下说，一个很自然的推演是：人之向学，乃是一种特殊的善性，虽然这个善性跟别的善不太一样，是知道自己不足，而非"自反而缩"，不过这并不妨碍它也是另一种意义上的，内在的道德自觉性。像这样"自觉其不善"的辩证的道德自觉性，正是孟子所谓"教亦多术矣，予不屑之教诲也者，是亦教诲之而已矣"② 的前提。在这里，为什么不屑之教也是一种教诲方式呢？就是因为孟子相信，这样做，能够激发一个人内在的，自我否定意义上的善性。③

可惜的是，孟子所开创的这个思路，在先秦时期并没有得到发挥④。相反，"自觉不善"，也就是承认人有必然作恶的倾向，完全是被当成本性之恶来看待的。比如，荀子就顺着孟子在另一处的说法推演⑤——你既然也说要"存夜气求放心"，也承认放任之人心就如"牛山濯濯"，那岂不是说，未经规范的人性有一种自然作恶的倾向？区别在于，孟子承认的是，善性被干扰遮蔽是必然，但是人认识到自己的不足，因而有心向善也是必然。所以

---

① 《荀子·性恶》，第4章。
② 《孟子·告子下》，第36章。
③ 关于"不屑之教"，最典型的例子，就是孔子说宰予"朽木不可雕也"（《论语·公冶长》，第10章）——明明是自己的学生，为什么说他不堪教化呢？就是因为这是一种反向的激励。不过值得注意的是，孟子在谈到"君子之所以教者五"（《孟子·尽心上》）的时候，并没有把这处反向激励法列于其中，这说明他也并不觉得这是一种常规的教育方式。
④ 与之相比，苏格拉底开创的"自知无知才是真知"的辩证思路，在基督教思想中得到了自觉的继承。无论是认识自己的无知，还是认识自己的罪，都是以否定性的方式来开启肯定性的进路。
⑤ 这不是荀子的原话，而是笔者就荀子反驳孟子的思路进行的总结。

"牛山濯濯"虽然实际上是几乎必然会发生的,但是"牛山之木尝美矣"才是牛山真正的本性。而荀子只是单纯地以此认为,性善并不必然,性恶才是必然。孟子当然知道,从人类社会的经验事实来看,恶的事实上的必然性是很难否认的。但是在他看来,人类内心潜在的向善的必然性,是一种更为强大的必然。这才是孟子与荀子最根本的区别。

当然,荀子毕竟还不是法家,他仍然是从善的角度来谈恶的,只是自认为比孟子更能揭示人性的深层次真理。首先,他承认人有向善之心,但这恰恰是因为性恶是底色,所以才会有追求善的倾向。也就是说,荀子也承认向善之心的必然性,但这并不是拥有善,而是因为缺乏善。① 原话是:

> 凡人之欲为善者,为性恶也。夫薄愿厚,恶愿美,狭愿广,贫愿富,贱愿贵,苟无之中者,必求于外。故富而不愿财,贵而不愿埶,苟有之中者,必不及于外。用此观之,人之欲为善者,为性恶也。②

也就是说,即使人性在现象上普遍存在"欲为善"的向往,这也是基于性恶这个前提。

其次,荀子承认人有第二天性,也就是"礼义积伪"的习得

---

① 这会让人想起柏拉图《会饮篇》里所谓"爱是富神(拥有)与穷神(缺乏)的儿子"这个说法,但是在先秦儒学里还没有出现这样的合题。
② 《荀子·性恶》,第10章。

之善性，但这并不是人之本性。正如陶器的本性，并不是制造陶器的工人的本性。而创制礼义的圣人，正是因为能够化性起伪，所以才值得尊重。

但是我们必须清醒地意识到，从儒家思想史的角度说，荀子对孟子并不完全是"接着讲"的关系，而是另外开辟了一个导向法家的思路。荀子自己也承认，他和孟子的分别并不是理论上的，而是基于实践上的考虑。孟子的问题不是理论上说不圆或者道德上有问题，而是无法落到政治实操上，所谓"起而不可设，张而不可施行"。要注意的是，这里要"施行"的，不是民间教育家孔子这个意义上的教化，而是实际拥有政治权力者的强制性的教化，这种非道德论的思路，不但与孟子相悖，就整个儒家的传统来讲也是另起一枝。

在《性恶》第13章的同一段话里，荀子前面说"性善则去圣王，息礼义矣。性恶则与圣王，贵礼义矣"，后面又说"立君上，明礼义，为性恶也。"有意思的是，"君上"这两个字，是《孟子》里未见的，而荀子把"立君上"放在"明礼义""起法正"之前，作为"古者圣人以为人之性恶"的第一个推论。很明显，荀子虽然在辩论中经常显得像是顺着孟子的话讲下去，但实际上是另有所图的。

在荀子之后，儒学思想史上明确主张性善和性恶的都不多，主流的思想大多是调和之论。比如，董仲舒认为性分三品，而最上的"圣人之性"与最下的"斗筲之性"都不算典型，真正值得探讨的是"中民之性"。这是一种"待教而为善"的可能性，而且就算是后天表现为善，也是"善当与教，不当与性"，① 所以无论如何都不能说人性本来就是善的。但是另一方面，董仲舒也提供了一个对后世影响很大的，可以维护孟子性善说的思路，那就是把"性"与"情"分开，认为正如天有阴阳，人也有性情，所谓"身之有性情也，若天之有阴阳也"，暗示性属阳明为善，情属阴为恶，所以应该扬性抑情。但是董仲舒同时也说"情亦性也"，所以性不是"已善"的，而只是具有善的可能性。也就是说，他既没有明确地把性与情对立起来，也没有明确地把这个对立理解为善与恶的对立。

而董仲舒对孟子路线的真正反动，在于他彻底消解了"养气"的意义。首先，气不再是通达而是区隔。这一点很微妙，因为虽说天人合一是其学说的根本特色，但是这种合一在孟子那里的道德自觉性完全不见了，取而代之的是一种机械的顺从而非觉醒。"人生于天而体天之节，故亦有大小厚薄之变，人之气也。先王因人之气，而分其变以为四选，是故三公之位，圣人之选也。三卿之位，君子之选也；三大夫之位，善人之选也；三士之位，正直之选也。"（《春秋繁露·官制象天》）也就是说，有什么样的气，就是什么样的人；是什么样的人，就当什么样的官。于是，"气"变成了一种先验的规定性，而非道德自觉的内在

---

① 《春秋繁露·深察名号》第4章。董仲舒在这里实际上已经承认了，至少中民之性中的善是外在的。

动力。

其次,董仲舒在"气"里又提出一个"元"的概念,由此就暗暗地把气给降格了。所谓"故人虽生天气及奉天气者,不得与天元本、天元命而共违其所为也"(《春秋繁露·重政》)而且进一步地,董仲舒又将这个降了格的气,做了庸俗化的理解,使其对应具体的自然现象,或者是人世意义上的利与弊(而非道德意义上的自由意志),提出了一种机械论的,顺应相应的"气"来修身和做事的方法。相应地,道德自觉性意义的"养气",就变成了顺乎自然的"以气养身"。也就是"循天之道,以养其身……贵气而迎养之。"(《春秋繁露·循天之道》)这就是庸俗化的理解无疑了。

董仲舒之后,东汉的王充和荀悦皆持"人性有善有恶"之论。王充认为,善恶的区别就在于"禀气渥薄"(《论衡·气寿》第1章),"至德纯渥之人,禀天气多……禀气薄少,不遵道德"(《论衡·自然》第8章),但是性恶并不是什么问题,因为"性恶之人,亦不禀天善性,得圣人之教,志行变化。……不患性恶,患其不服圣教,自遇而以生祸也。"(《论衡·率性》第6章)表面上看,王充彻底贯彻了自然主义的思路,把伦理性的"善恶"理解为自然性的"厚薄",然而实际上,他是彻底消解了"实然/自然"→"应然/人为"这个推演的思路。

荀悦则顺承刘向的"性情相应"之说,把"情"和"性"的关系,理解为"气"外化为"形"的关系,认为人情固然有好恶取舍，但是好恶只是倾向，本身并不意味着善恶。① 总之，虽然东汉儒学基本不再探讨性善或性恶这个问题，但是仍然把"气"看成是"性"的本原。也就是说，他们也许不同意孟子的结论，但是在本体论上仍然把兼具自然与道德属性的"气"，当成是人格养成论的根基。

第一个有意识地排除自然气论之影响，把道德自觉性当成人格修养唯一原则的，是唐代的韩愈。而他这样做的目的，与其说是儒学本身的理论发展，倒不如说是基于排斥佛老的现实需要。韩愈继承了汉儒的"性三品"论，而且也同样把性理解为情的基础，但是他并没有接受发展到神秘主义程度的"天人合一"思想，而是细化了道德与情感的关系。

韩愈所谓"三品"，从"性"的角度，是一个人是否能够兼具仁、礼、信、义、智这五项道德原则，任何一项不足或者缺失，就被归于中品或者下品；从"情"的角度，则是看一个人是否能够得当地表现喜、怒、哀、惧、爱、恶、欲这七种情绪，控制力的不足和缺乏，则被视为中品和下品。② 由此可见，在韩愈

---

① "好恶者，性之取舍也，实见于外，故谓之情尔，必本乎性矣。仁义者，善之诚者也，何嫌其常善；好恶者，善恶未有所分也，何怪其有恶。凡言神者，莫近于气，有气斯有形，有神斯有好恶喜怒之情矣。故人有情，由气之有形也。气有白黑，神有善恶，形与白黑偕，情与善恶偕。故气黑非形之咎，情恶非情之罪也。"（《申鉴·杂言下》，第10章）

② "性也者，与生俱生也；情也者，接于物而生也。性之品有三，而其所以为性者五；情之品有三，而其所以为情者七。曰：何也？曰：性之品有上、中、下三。……其所以为性者五：曰仁、曰礼、曰信、曰义、曰智。……性之于情视其品。情之品有上、中、下三，其所以为情者七：曰喜、曰怒、曰哀、曰惧、曰爱、曰恶、曰欲。……情之于性视其品。"（《原性》）

的道德体系里，关键的其实并不是"性"和"情"，而是"品"。因为"品"决定了一个人是否能够兼具五德，平衡七情，并且控制情对性的影响。性与情之间的关系，完全由"品"来决定。这与柏拉图《理想国》所谓正义是理智指导下各种德性的各得其所，是同一个思路，但是已经远远偏离了孟子开创的，以人性本善为前提的"知言养气"进路。

在韩愈之后，唐代李翱的"性善情恶"说，以及北宋张载对"天地之性"和"气质之性"的区分，某种程度上说都是对孟子性善论思路的复归。李翱就明确地提出"复性"的主张，认为"情者性之邪也，知其为邪，邪本无有"（《复性书·中》），也就是把一切恶归之于情对性的扰乱和掩蔽，并且将前者视为虚无，从而保存了性的纯善和唯一的实在性。

张载的说法虽然不同，但是思路是一样的，那就是把"天地之性"理解为纯善，"气质之性"则有善有恶。张载的独特之处，是把"性"拆解成"天性"与"气性"，然后有时又把前者径直称为"性"，后者径直称为"气"，从而给予"性"和"气"新的理解。这与孟子所说的"气"是不一样的。而这个思路，启发了二程对于"天命之谓性"和"生之谓性"的区分。前者是纯善的，被等同于"理"，也就是仁义礼智信这"五常"；后者则被理解为"气"，和张载所说的"气质之性"一样，也是有善有恶的。

总之，虽然逻辑上说，与性善论相对立的还有很多可能，比如，性无善无恶，善恶杂糅等，但是无论从现象还是从理论上说,"性恶"的真实存在,都是一个必须面对的问题。这决定着从"实然"(自然)到"应然"(人为),进而再到"必然"(对自然善性反躬自省的道德自觉)这条以"养气"为核心的人格修养进路走不走得通。更进一步说,这还涉及"性"与"气"和"理"等概念的关系,以及《易经·说卦》所谓"穷理尽性以至于命"的总纲,如何转化成人格修养方面的具体进路。总体而言,在孟子的"知言养气"和宋儒的"气以载性"之间,存在着从荀子到汉唐儒学的反复,并不是一个线性发展的过程。而后者对孟子路线的重建,则是在吸收了反对论点之后,在更高层次上的复归。

第二节 二元论对"因信称义"进路的挑战

与"知言养气"进路受到人性二元论的挑战一样,"因信称义"作为基督教人格养成论的根本特质,也是在与善恶二元论的斗争中得以彰显的。区别只是在于,在儒家,是性善论受到性恶论的挑战;而在基督教,主要的冲突,集中在如何理解人性之根本恶这个问题上。

比如,前文提到的雅各与保罗的冲突,表面上看,是行为与信心何者应该作为称义之依据的区别。而更深一层的理论分歧,则是堕落之后的人性是否全然败坏,救赎是否完全依赖恩典。上帝的恩典与人类的自由意志，二者地位的此消彼长，是贯穿始终的主题。

而在这个问题上，最值得分析的案例，是奥古斯丁在皈依前脱离摩尼教善恶二元论的思想历程，以及在皈依后通过与伯拉纠主义的论战，阐明基督教正统教义的过程。虽然前者是与异教做切割，后者则是与教内的异端做斗争，然而基本问题是同一个，也就是"是否承认罪的绝对性"。

有一种观点认为，保罗提出的"因信称义"和路德的"唯独信仰"是两回事，后者并不是对前者的简单回归，而是以批判继承的思路提出了新的内涵，应该被称为"唯信称义""籍信称义"或者"仅因信称义"（justification by faith alone）以示区别。① 但是在笔者看来，这种区分其实是没有必要的。的确，路德的"因信称义"有新的阐述，也就是更加强调信心在救赎中的唯一性地位，但是这并不是额外加入的内容，而是保罗思想的自然延续。

还有人进一步认为，保罗在他的时代提出"因信称义"这种说法时，和提倡"因行为称义"的雅各一样，都只是想和"因律法称义"的犹太教传统做切割。只不过保罗强调"信"（faith）而雅各强调"行"（deed），他们共同针对的是"律法的工"（work of law），因此是互补而非对立关系。② 就还原保罗思想的历

---

① 雷雨田. 是"因信称义"还是"唯信称义"？——评马丁·路德宗教政治思想的核心 [J]. 湖南师范大学学报（哲学社会科学版），1983（1）.
② 吴凡. 从"因信称义"到"唯信称义"——基督教救赎论思想发展述评 [C]. 北京师范大学第十届世界史研究生冬季论坛论文集，2014：483-497.

史背景而言，这种说法是有意义的。但是，且不说保罗已经明确地表达过"称义无须通过行为"这层意思，① 更重要的是，这其实是把问题想简单了，也就是把思想史中的概念发展，降维地解释成个人的心理动机问题。

的确，保罗在提出"因信称义"思想时，并没有太多的系统神学阐述，而且也和雅各一样，都是从反对犹太教律法主义传统的动机出发来立论的。但是，同样的历史氛围和动机，并不意味着保罗和雅各的思路是一致的。事实上，由于无动机的行为是无意义的，而无行为的动机是可以想象的，所以"因行为称义"这种说法本身就带有二元论色彩。② 但是，"因信称义"一定是以一元论为基础的，否则这个论述本身就没有任何意义。换句话说，在"信心一定要对应某种行为，否则就不能被称为真正的信心"这个意义上说，"因（信心带来的）行为称义"总归都是能说通的。却不能反过来说，因为"行为必须发自内心，出自信仰"，所以这就叫作"因（行为背后的）信称义"了。③ 概言之，"因信称义"这个论断，天然就要比"因行为称义"具有更高的论证

---

① 《新约·罗马书》，第 10 章第 10 节："因为人心里相信，就可以称义。口里承认，就可以得救。"也就是说，保罗并非只是反对"因律法称义"，而是更进一步地明确反对"因行为称义"。前者不能否定后者。

② 因为谁都知道，只有具有主观意图的行为才谈得上是否"称义"的问题，而行为若无对应的信心作为动机，则是没有意义的。

③ 当保罗说"就当恐惧战兢，作成你们得救的工夫。因为你们立志行事，都是神在你们心里运行，为要成就他的美意"（《新约·腓立比书》，第 2 章 12—13 节）时，他是把"立志"（will）和"行事"（do）都看成神恩的，所以他不是通过"行为必须发自内心"来论证"因信称义"的。反观雅各，却是通过"信心若没有行为就是死的"，也就是"信心必须表现为行为"来论证"因行为称义"。

义务。甚至可以说,如果不是"(唯独)因信称义",就不是真正意义上的"因信称义"。

以上的说法看起来有些极端,却是"因信称义"这个说法的要害所在。或者干脆地说:"因信称义"本来就是一种极端的说法,它背后有一套严苛的有关人性绝对堕落的预设,并且能够进一步推导出很多难以被世俗常识接受的结论。

反过来说,典型基督教传统的神秘主义和唯灵主义气质,根子就在这句话上。而拉丁教父与希腊教父之争,最后之所以经常是以拉丁教父的胜利为结束,也正是因为拉丁教父更能够从世俗智慧中跳脱出来,直面基督教神学理论在世俗理性看来的"荒谬性"。而所谓"因为荒谬所以相信"(credo quia absurdum),是既难理解又难执行的。也正因为如此,"因信称义"这个理论从提出之日起,就一直被曲解甚至被忽视,正如孟子的"知言养气"说背后极端的性善论,经常会被有意无意地弱化一样。

最典型的例证,就是奥古斯丁与摩尼教和伯拉纠主义的关系。前者是奥古斯丁个人的思想发展中的关键因素,后者有助于我们理解奥古斯丁在基督教思想史上的地位。我们可以分别来进行研究。

首先,就"人格养成论"这个主题而言,在人类思想史上,几乎没有哪个文本比奥古斯丁的《忏悔录》更值得研究。因为它最为翔实完整地记述了一个人经过内心的挣扎斗争,在质疑和干扰中认定正统信仰,获得内心满足和完美人格的灵修之路。这部经典之所以重要，很大程度上是因为它提供了一个基督徒的人格养成的范本。从中我们可以清晰地看出，一个原本和我们一样沉溺于虚荣的欲望，但同时又具有向善之心的普通人，是怎样一步步挣脱罪的捆绑走向正途的。

就奥古斯丁个人的思想轨迹而言，其母莫尼卡作为一个虔诚的基督徒，无疑给幼年的奥古斯丁施加了巨大的影响，但是并没有促使其皈依和接受洗礼。恰恰相反，真正启迪奥古斯丁灵性之路的，反倒是三派异教思想：西塞罗代表的古典哲学智慧、摩尼教代表的善恶二元论学说，以及普罗提诺代表的新柏拉图主义。

那么，在安布罗西乌斯（Ambrosius）主教带领奥古斯丁受洗之前，奥古斯丁为何迟迟不能接受基督教信仰呢？除了奥古斯丁自己所说的少年时期的顽劣性情之外，最重要的原因，是他恰恰因为从小"被画上十字的记号"，所以对此事特别慎重；正因为顾虑受洗后再犯罪则罪责更大，[①] 所以要在受洗之前，希望对于基督教教义具有领悟。可是问题偏偏就卡在这里，因为虽然早就接触过圣经的教导，但他始终无法理解某些关键的理论。

在《忏悔录》伊始，奥古斯丁一方面从个人经验的角度，深切地阐述了罪的根本性；另一方面又从神学的角度，力证上帝的唯一和恶的虚无。这是一个非常值得注意的问题。这是因为，虽

[①] 《忏悔录》第1卷第11章（奥古斯丁. 忏悔录［M］. 周士良，译. 北京：商务印书馆，1996：14），由于对该著作引用比较多，所以以下引用只标明章节，不再标明页号。

<<< 第三章 儒耶人格养成论的中古转型期

然奥古斯丁自己并没有意识到，二者其实是有矛盾的，但是他自己在接受基督教信仰之前的游移和彷徨，其实可以很合理地归结为这种尚不自知的矛盾。比如说，奥古斯丁一方面对婴儿身上流露出的罪性非常敏感，另一方面也自我剖析了人身上存在"为犯罪而犯罪"的根本之恶。① 但是，罪恶如此具有根本性，就意味着罪是实体吗？并不是，不过这是一个极其复杂的神义论问题，而且正是这个问题，困住了还未皈依的奥古斯丁。

的确，在《忏悔录》里第一次提到罪的根源问题时，奥古斯丁就明确表示："'恶'不过是缺乏'善'，彻底地说只是虚无。"但是细究起来，这只是他悟道之后的想法。而在当时，诸如"罪恶来自何处？神是否限制在一个物质的躯体内，是否有头发和手

---

① 奥古斯丁说："婴儿的纯洁只不过是肢体的，而不是本心的无辜。"（《忏悔录》，第1卷第7章）又说，即使圣经里经常拿婴儿来比喻虔诚纯洁的信仰，"谦逊的征象仅在于儿童的娇弱"（同上，第1卷第19章）。进一步说，奥古斯丁论证婴儿其实也并不无辜的思路，倒有点类似于荀子所谓"从人之性，顺人之情，必出于争夺"（顺乎性情而不加节制的欲望本身就是恶）的说法。奥古斯丁的意思是说，婴儿迫不及待地要吃喝，其实就是恶，只是成年人不计较罢了，而成年人之所以不计较，唯一的原因是随着年龄的增长，婴儿会改掉这些恶习（按荀子的说法，也就是化性起伪接受教育）。另外，奥古斯丁提到婴儿的贪婪和嫉妒（同上，第1卷第7章），也与东汉王充《论衡·本性》中提到的"一岁婴儿，无推让心，见食，号欲食之"是一样的。但是王充接着讲"阴阳善恶不相当，则人之为善，安从生？"也就是说，婴儿发乎本性的恶，并不能证明人性的根本恶，而只能证明善恶之性的杂糅，否则日后发生的善就没有源头了。这一层的考虑，正好解释了为什么性恶说在中国哲学传统里没有得到足够的认同。但是，这在奥古斯丁那里就完全不是问题，因为上帝的存在可以完美地解决"善的源头"这个问题。这使得基督教思想家可以毫无顾忌地揭示人性之根本恶。比如，奥古斯丁浓墨重彩地（一共有六个章节都在讲这件事）提到自己单纯"为了欣赏偷窥与罪恶"而去偷梨，只是"因为这勾当是不许可的"，所以是真正意义上的"为作恶而作恶"，旗帜鲜明地表现人类具有恋慕罪恶和堕落的本性。（《忏悔录》，第2卷第4—9章）

指？多妻的、杀人的、祭祀禽兽的人能否列为义人？"（《忏悔录》，第3卷第7章）这类神义论、上帝论、救赎论的根本问题，构成了奥古斯丁接受基督教信仰的最大障碍。一方面，他对人类的罪性有着超乎常人的敏感；另一方面，他又对真理有着热忱的追求和极高的标准。在这两方面的动力共同作用之下，奥古斯丁没有简单地接受母亲的信仰，而是经过了一个反复求索的过程。

在西塞罗的《荷尔顿西乌斯》（*Hortensius*）里，从小痛恨希腊文的奥古斯丁，在19岁这一年第一次体会到了希腊哲学的思辨力量。此书原文已佚，我们能够知道的只是它以哲学为主题。考虑到西塞罗是折中主义（eclecticism）的代表人物，这篇文章应该讲的是普遍的作为"爱智慧"的哲学方法，而非某宗派的门户之见。也就是说，西塞罗在这篇文章里，试图把人引向一般意义上的哲学思辨，而非某个具体哲学流派的结论。正因为如此，在此之前，奥古斯丁在拉丁语中感受到的是辞藻，但是在此之后，他开始"怀着一种不可思议的热情，向往着不朽的智慧"（同上，第3卷第4章），而这是把祈祷转向上帝的第一步，因为上帝代表着的正是永恒的真理。

然而，虽然这个时期的奥古斯丁开始渴慕真理，但是在读圣经时仍然无感，他自己认为的原因是"骄傲"，所以"藐视圣经的质朴"，"不会曲躬前进"（同上，第3卷第5章），但这很有可能只是他作为基督徒的事后归因。客观来说，更可能的真实原因是他没有把追求永恒真理的渴望，与个人对罪性的敏锐而深刻的洞察结合起来，也就是说，缺乏经典与性灵的相遇。

用奥古斯丁自己的话说，这是因为他"并不想到另一真正存在的真理"（同上，第3卷第7章），这层真理是指什么呢？最简单地说，就是上帝的唯一和绝对的实在性。因为，如果没有意识到这一点，就很难回应在宗教问题上希腊哲学式的诘问。比如，前面提到的，在神义论（罪恶来自何处）、上帝论（神是否具有形象）、救赎论（罪人如何成为义人）这些方面的迷题，每一个都是如此深奥难辨，以世俗智慧的眼光来看充满悖谬。只有以上帝的绝对和唯一实在性为前提，才能得到破解。

正因为如此，在没有想到这层真理的情况下，被西塞罗点燃对真理之渴望的奥古斯丁，既没有投身于哲学思辨（因为他真正渴慕的不是发现真知，而是性灵的觉醒），也没有接受正统的基督教信仰，[1] 而是接受了摩尼教的善恶二元论体系。在19~28岁这9年的摩尼教岁月里，奥古斯丁说自己从"骄傲"又走入了"迷信"。然而有意思的是，他紧接着"迷信"这个罪名举出的例证，是一件几乎可以算得上高尚的事情，那就是拒绝以行邪术的方式，获取诗剧比赛的胜利（同上，第4卷第2章）。

那么，为什么在忏悔的时候，奥古斯丁会把这样一件本来具

---

[1] 据奥古斯丁自己说，他的母亲当时恳求一位主教劝诫他皈依基督教，但是这位主教相当笃定地认为，刚刚接受摩尼教信仰的人是不可能马上回心转意的，所以这时候劝也没用。但他同时也以自己的亲身经历笃定地认为，就算信了摩尼教也没什么要紧，因为奥古斯丁一定会自己发现摩尼教的理论错误（《忏悔录》，第3卷第12章）。很明显，这位主教之所以笃信这两点，是因为他相信，善恶二元论是接受基督教信仰之前的一个必经的，却是过渡性的阶段。

有很强道德意义的事情,特别拿出来当成自己的罪证呢?因为他想要表明的是,这种所谓善行,并不是出自贞纯,而是出自虚妄。至于这个虚妄到底是什么,奥古斯丁在这里没有直接点明。但是从文字中我们可以推断出来,他的意思是说:想要赢得比赛胜利固然是出于虚荣,拒绝作弊的诱惑,想要赢得正大光明,何尝又不是出于虚荣?虽然这总好过不光彩的胜利,但是若以此为道德高尚的证明,那就是一种自欺了。

正因为如此,奥古斯丁接着写道:"我虽不愿为我而举行淫祀,但我的迷信天天在享祭魔鬼。"(同上)奥古斯丁在这里意识到的真理是,如果不以上帝的唯一绝对的善为前提,那么自己对于道德的坚持(比如,赢就要赢得正大光明),归根到底也是一种虚妄。进一步说,善恶二元论的结果,表面上看是"抑恶扬善",实际上却是"以恶为善",也就是把虚妄的东西当成了道德的真谛。形象地说,这就好比一个人明知自己身处污秽之中,却不去想着如何挣脱这种污秽的境地,而是一边在污秽里打滚,一边试图洗脱污秽。总之,这种误以为自己可以站在善的这一边去对抗恶的想法,本身也是一种虚妄,而且是一切虚妄之所以为虚妄的根本原因。

以上这个结论,在奥古斯丁接下来的陈述中得到了进一步显明。因为他马上就从另一方面论述了"恶一定是出于自由意志"。① 针对当时的占星术士们把犯罪归于自然天体运行的说法，奥古斯丁反驳说，自然万物的创造与管理者是上帝，而上帝所造的原本无有不善，所以恶的根源不能归咎于自然，而只能是来自人的内心。这些占星术士的说法，与前面提到的，某些中国哲学家将"气"之清浊当成善恶禀赋的自然主义倾向是一致的。由此我们也可以看到，儒家与基督教的主流，都是高扬道德主体性，而反对这种纯粹的自然主义倾向的。

而最让奥古斯丁失望的是，即使是素以博学多知著称的摩尼教领袖福斯图斯（Faustus），也不能解决他的根本困惑。奥古斯丁发现，希腊哲学家对受造物的认识比摩尼教的神话更可信，既然如此，何不回到哲学智慧中寻找答案？这次他找到了"学园派"（以普罗提诺为代表的新柏拉图主义）。理由是"学园派的哲学家的识见高于这些人（摩尼教徒），他们主张对一切怀疑，人不可能认识真理"（同上，第5卷第10章）。也就是说，奥古斯丁倒并不是觉得希腊哲学有多正确，而纯粹只是因为它更少荒谬而已。

那么，奥古斯丁认为的荒谬之处在哪里呢？根据他后来的反省，主要是：1. 把上帝想象成物质的存在；2. 相信存在与上帝相对立的恶的本体（某种飘忽轻浮的稀薄之"气"），而这是一切侮辱神明的谬论的总根源。其实，就其本心而言，他那时就已经

---

① 《忏悔录》第4卷第2章，是为了表明"（不以上帝为绝对唯一之善的）自由意志一定是恶（虚妄）"，而接下来的第3章，则是反过来证明"恶一定是出于自由意志"，由此构成了严谨的逻辑对应。

倾向于认为上帝是无限的，不受制于形体，而且也没有创造恶（同上）。可是，为什么已然意识到了这些，奥古斯丁还是没有接受基督教信仰呢？关键就是在他看来，摩尼教徒对于圣经的某些批评，他还没有办法辩驳（同上，第5卷第11章）。

　　直到安布罗西乌斯主教帮助他从精义而非文字上理解圣经，奥古斯丁才意识到之前的理解有问题。但是即使到这一步，他仍然认为，摩尼教与基督教的教义是旗鼓相当的，因为他无法理解什么是纯粹的精神实体（同上，第5卷14章），由此也无法理解恶的来源问题。让奥古斯丁纠结的是，恶如果不存在，就没有理由害怕和防范，可是恶如果存在，又与造物主的至善和全能相违背（同上，第7卷第5章）。这就很像前面提到的，儒家的性善与性恶之辩的纠结所在：如果性善，后天教化的意义就会降低；如果性恶，教化的先天依据就会受到怀疑。

　　这个问题的彻底解决，是通过新柏拉图主义哲学实现的。奥古斯丁说："我读了柏拉图派学者的著作后，懂得了在物质世界外找寻真理"，也就是去理解"形而上的神性"。然而值得注意的是，奥古斯丁同时也提到，如果是先读圣经，再接触这类的哲学著作，那么"这些著作很可能会推翻我诚信的基础"（同上，第7卷第20章）。为什么顺序这么重要，不能反过来呢？奥古斯丁解释说，这是因为，只有先想通其中的道理，再接受圣经的熏陶，才是被圣经引导开悟的，而如果懵懵懂懂地先读圣经，再被这类著作点醒有所觉悟，就可能会把受到的启示，当成哲学著作的功劳（同上）。

问题是，这个解释明显违背了之前的说法。因为奥古斯丁反复提到，他在皈依之前其实就已经读过圣经，而且熟悉包括保罗书信在内的很多内容，只是"过去认为保罗有时自相矛盾，和《旧约》的律法、先知书抵触"罢了（同上，第7卷第21章）。所以更合理的解释是，如果不解决反复萦绕在心中的两个问题，也就是《忏悔录》在记述皈依前的内心挣扎时最常提到的——"上帝的非物质性"与"恶的来源"，奥古斯丁是无法从圣经的文字中看到精义的。而这两个问题，包括最开始提到的"罪人何以称义"的问题，它们的答案归根到底是一个完整的论述：上帝是唯一绝对的实体（因而是不朽的精神性的存在），所以恶不具有实体性，而罪人称义的唯一依据，是上帝的恩典。

所以，奥古斯丁是在明确认识到"凡存在的事物，都是善的；至于'恶'，我所追究其来源的恶，并不是实体；因为如是实体，即是善"（同上，第7卷第12章）之后，才第一次表达对上帝的爱——"我诧异我自己已经爱上了你"（同上，第7卷第17章）。而当他真正下决心皈依时，在圣灵感召下读到的则是《新约·罗马书》第13章13—14节的"不可荒宴醉酒，不可好色邪荡，不可争竞嫉妒。总要披戴主耶稣基督，不要为肉体安排，去放纵私欲"（同上，第8卷第12章）。

这段话的关键，倒不是"不要放纵欲望"这种老生常谈式的道德教导，而是"披戴"（put on）、耶稣基督这个说法。因为奥古斯丁已经意识到，问题的根源不是肉体而是灵魂。因为灵魂根本上来说就是病态的，所以人才会无法自拔地陷入罪中，没有外力的救赎则无法超脱。奥古斯丁敏锐地注意到，灵魂可以命令肉体，却不能命令自己。由此可见其分裂，我们具有双重意志。但是意志的两面性，并不意味着我们像摩尼教说的那样，具有善与恶两个灵魂，而只是因为人在堕落后受到惩罚，灵魂被罪所占据，从而形成了分裂（同上，第8卷第9—10章）。因此，唯一的解决之道，既不是让外在的规范内化于心，也不是让灵魂里善的部分去主宰恶的部分，而是"披戴"耶稣基督，也就是将善视为外在于灵魂的东西。换言之，即使一定要说灵魂里有善，也是"披戴"着善，而非本身就具有善。

以上，我们对奥古斯丁个人性灵的发展进行了梳理，显现出他的皈依之路，是一个不断克服善恶二元论的思想过程。想要接受基督教的正统神学思想，无论是上帝论、神义论还是救赎论，都要首先克服这种以摩尼教为代表的二元论倾向。而当初那位拒绝奥古斯丁母亲的委托，认为接受并且最终超越摩尼教的二元论都是必然的那位主教，之所以有这样的信心，也是因为跟奥古斯丁有过同样的经历。由此，我们可以按照时间和逻辑的顺序，把奥古斯丁在《忏悔录》中表现出来的人格养成过程总结为以下几个阶段：

1. 敏锐地感觉到自己的罪，并且由此产生向善之心；

2. 由于这种善恶交织的心理体验，倾向于接受善恶二元论的思想；

3. 在进一步反思中发现，二元论思想在本体论上不够彻底，在人生观上不足以提供足够动力以摆脱罪的捆绑；

4. 在本体论上将恶视为善的缺乏，在个人灵修进路上承认灵魂的根本之恶，以接受基督的救恩。

以上这样一个由二元论到一元论的思想过程，不只是奥古斯丁的独特经历，更是具有普遍性的灵修进路。首先，对于人性根本恶的体悟和洞察，是成为基督徒的起点。奥古斯丁虽然表面上是在对比和选择各种信仰，但他事实上内在体认到的，是神对他的拣选以及恩典的不可抗拒性。这种由内而外的忏悔，最能揭示人力的有限和自由意志的堕落趋向。而对比儒家，孟子自不必言（他在对人性之根本善的体察上与奥古斯丁构成两极），即使是讲性恶论的荀子，也只是对恶的现象（争夺嫉妒等表现）进行了描述。

更关键的是，中国哲人讲性恶，一向都是外在视角，也就是只谈"他人之性恶"，不谈"本人之性恶"。即便所谓"人心惟危"之语，由于不是内在地、具体地解析自己个人的罪性，而是一般性地谈论人性，所以在对根本恶的洞察方面，始终是有欠缺的。① 对比一下前面提到的,从孟子经过荀子再到汉唐儒学的发展史,我们更会意识到,基督教思想在这个方面的特异之处。

所以,接下来我们要研究的问题是更为宏观的:在基督教思想史上,奥古斯丁主义之所以成为主流,与这种毫不妥协的一元论,有多大的关系?其间又经历了怎样的反复?

关于奥古斯丁的地位和思想特点,奥尔森(Olson)在《基督教神学思想史》中是这样评价的:

> 奥古斯丁乃是一个时代的结束,同时也是另一个新纪元的开始。他是古代基督教作家的最后一人,也是中世纪神学的开路先锋。古代的神学主流都汇聚在他的身上,奔腾成从他而出的滚滚江河,不仅包括了中世纪的经院哲学,连16世纪的新教神学也是其中的一个支流。……(奥古斯丁主义)强调神至高无上的绝对主权,人类灵魂的绝对软弱无助,以及人类对于神恩典的绝对依赖性。②

这段话虽然有两层意思,但是主旨乃是一个,那就是奥古斯丁的某个鲜明思想特色,使其成为集基督教思想之大成的正统。

---

① 一般而言,"我是有罪的"和"我们是有罪的"是两种心理状态,后者更多地会归于自然的恶性,而非自由意志的恶性,这也是为什么《忏悔录》是一种专属于基督教的文字体例。
② 奥尔森. 基督教神学思想史[M]. 吴瑞诚等,译. 上海:上海人民出版社,2014:256.

而这个最鲜明的特色，一言以蔽之，就是"神恩独作论"（monergism）。

在奥古斯丁之前，基督教面临的主要威胁，一是摩尼教，二是几乎与原始基督教信仰同时诞生的诺斯替主义（Gnosticism）。前面提到过摩尼教，这里主要讲一下诺斯替主义的问题。根据爱任纽教父的说法，早在公元1世纪的使徒时代，最早的诺斯替主义者克林妥（Gerinthus）就被使徒约翰看成"真理的仇敌"，[①] 是最危险的异端。甚至可以说，所谓基督教的正统思想，最初正是在跟诺斯替主义的论辩中被建立起来的。

诺斯替主义者认为，救恩是一种特殊的知识（gnosis），也就是意识到人的灵是来自上帝神性的火花，只是在尘世中被陷溺在物质肉身的束缚中。而基督是属灵的拯救者，被神差遣来引导人类的灵魂回复其原有的神性。很明显，这种精英主义的论调，使诺斯替主义很像是基督教信仰的一个高阶版本——更神秘、更纯洁、更属灵、更智慧。按照佛教术语来说，这很像是在"俗谛"之上的"真谛"。

但是，从基督教自身的视角来看，这其实与2世纪时站在希腊哲学立场上攻击基督教教义的塞尔修斯（Celsus）没什么不同，因为后者同样是把折中主义的一神论灵性哲学（诺斯替主义者得意扬扬地引以为豪的无非是这种哲学），看成是比基督教混乱笨

[①] 奥尔森. 基督教神学思想史 [M]. 吴瑞诚等, 译. 上海: 上海人民出版社, 2014: 18.

拙的世界观更高明的理论。

而诺斯替主义的要害，还不是这种知识的骄傲，而是由此产生的，与摩尼教相似的二元论世界观。它把创造与堕落看成是同时发生的事情，正如精神和物质是逻辑上对立的两极。照此说来，所谓救恩，并不是来自道成肉身的耶稣死而复生的救赎——因为这样就把精神与物质混在一起了——而是上帝以耶稣作为工具，演示了人类的灵魂作为神圣的灵性火花，通过自我认识而复归其本原的过程。

需要特别指出的是，以上这样一种说法相当具有迷惑性。① 表面上是把灵魂的地位提升到无以复加的程度，但是由于其中隐含着二元论思想，它仍然是与基督教的唯灵主义貌合神离的。真正的唯灵主义是一元论的，不但把灵魂与物质看成是分离的，而且根本上否认后者的独立实在性。这也就是保罗等使徒所强调的，唯独依赖恩典与信心的救赎之道。

然而，在4世纪新约圣经正典被编纂认定之前，由于基督教教义只能依靠使徒及其再传弟子（也就是所谓"使徒教父"）口耳相传，难免在各种个人发挥中偏离要旨。事实上，在这个过渡性的使徒教父时代，无论是罗马的克莱门（Clement）、安提阿的伊格纳修（Ignatius）、波利卡普（Polycarp）这些代表人物；还是

---

① 按照圣经里的讲法，"世上有许多迷惑人的出来，他们不认耶稣基督是成了肉身来的。"（《新约·约翰二书》，第1章第7节）而否定道成肉身之所以具有迷惑性，是因为它表面上赋予了"道"崇高的地位——崇高到不可以被肉身玷污的程度。

《十二使徒遗训》（早期教会规范汇编）、《巴拿巴书信》（Epistle of Barnabas）、《黑马牧人书》（The Shepherd of Hermas）等虽未选入新约正典，却有着重要影响的使徒作品，普遍都表现出一种近似于律法主义的道德主义，也就是强调基督徒在行为上的谨慎自守。

考虑到从耶稣死后到基督教正典确立前的思想混乱，尤其是考虑到作为一种新生信仰，基督教在罗马帝国遭受到的敌视和迫害，这种强调基督徒内部的道德规范和凝聚力的倾向，是无可厚非的。然而不可否认的是，它也确实在一定程度上偏离了强调上帝白白给予的恩典的福音本义。所以在这个时代，占上风的不是强调上帝恩典和道成肉身的因信称义，而是强调人类行为的律法主义。

而在2世纪的护教士传统中，情况也并没有好到哪去。除了德尔图良①（Tertullian）之外，查士丁（Justin）、阿萨那戈拉斯（Athenagoras）和提阿非罗（Theophilus）等人，主要工作都是用希腊哲学里的逻各斯概念，来解释基督、三位一体、创世等神秘的宗教信念。真正改变这一情况，让恩典与救赎重新成为主题的，是基督教第一位系统神学家爱任纽（Irenaeus）。他在对抗诺斯替主义的论辩中，提出了一个非常重要的思路，那就是把救赎看成恢复（而非逃离）创造物的过程。上帝恩典的意义，不是带领人类逃离物质的牢笼或者说渊薮，而是克服受造生命的缺点，

---

① 甚至德尔图良也深受斯多葛学派的影响，比如，把灵看成精致的物质。

使堕落之后的人类以及物质世界恢复堕落之光的荣光。这种"圣化"（theosis）的救赎观，突破了善恶对立的道德主义，是奥古斯丁相关思想的先驱。

在爱任纽之后，3世纪的希腊教父奥利金，虽然极其重视思辨并且提倡寓义解经法，但是他在《驳塞尔修斯》中，仍然明确并且系统地阐述了基督教真理优于希腊哲学真理的观点，也即是有意识地与新柏拉图主义那种灵肉二元对立的世界观做出了区别。不过与此同时，他所秉持的救恩论，仍然没有脱离"神人合作"的窠臼。可是，这个看起来并不起眼的问题，作为一条暗线贯穿着整个3—5世纪围绕着三位一体和基督论等重要神学问题的争议。

最明显的一个旁证是，从3世纪初的《使徒信经》到4世纪的《尼西亚信经》，对于基督论的探讨明显增多，而这是与救赎问题密切相关的。很多看似不相关的理论争议，细究背后的根本问题，都是"神恩独作论"与"神人合作论之争"。比如说，作为正统信仰的主要挑战者，4世纪初的阿里乌主义（Arianism）异端强调基督的受造性。从理论上说，这似乎是在维护上帝至高无上的地位，然而从救赎论的角度说，阿里乌主义之所以强调上帝的唯一性，反而是为了维护人类自由意志的地位。

这里的底层逻辑是：耶稣之所以不可能是与上帝同等地位的神，是因为如果要实现拯救，他就必须成为人类可以模仿的对象。而如果耶稣不是受造的，那他的案例就不足以成为人类之效

第三章 儒耶人格养成论的中古转型期

法。关键点在于，阿里乌派所预设的救赎方式，是人类通过自由意志中向善的能力去效法耶稣基督，从而领受上帝的恩典。救恩不能直接从神到人，这是一种典型的"神人合作论"。事实上，《尼西亚信经》之所以要强调圣子与圣父"本体相同"（of one substance）和"受生而不是受造"，① 正是为了回应阿里乌派的挑战。而后来的天主教、东正教以及大多数新教派别所共同承认的四次基督教全体大会，也都是以三位一体的信念为最大公约数的。②

在奥古斯丁自己的时代，大公教会正统信仰的主要敌人，是所谓伯拉纠主义（Pelagianism）③。伯拉纠在其代表作《论自然》和《论自然意志》中，表现出对原罪的否定和对人类（通过恩典获得的）善良自然禀赋的认可。对基督教信仰而言，这个理论最危险的地方是，它暗示着人可以根据良知，过一种无须上帝赦免

---

① "不是受造"这个说法是最具争议的，因为这在《圣经》原文中并没有依据。可是反过来说，即使有这样的质疑，《尼西亚信经》还是要坚持写上这一句，可见它是多么关键。
② 第一次尼西亚大公会议召开后的50多年里，还有好几次由罗马皇帝召开的基督教全体大会，其合法性事后都被否定了，原因就是对三位一体教义的偏离。最后只有尼西亚（公元325年）、君士坦丁堡（公元381年）、以弗所（公元431年）、卡尔西顿（公元451年）这四次全体大会，得到了最广泛的承认。
③ 事实上，奥古斯丁之所以被称为"恩典博士"（Doctor Gratiae），正是因为在跟伯拉纠的论战中反复强调神的恩典的缘故。另外值得一提的是，西方教会的主要敌人是伯拉纠主义，东方教会的主要敌人是聂斯脱利主义（Nestoriansim）。但是后者是基督论的问题，主要的主张是反对把圣母称为"上帝之母/生神者"（Θεοτόκος），这并不是像恩典与自由意志关系这么根本的问题，而且事实上，天主教会在1994年取消了以弗所大公会议对聂斯脱利的裁定，接受了后者对玛利亚"基督之母"的称呼。这也从侧面说明，围绕后一个问题的争议并没有那么根本。

的道德的生活（虽然他自己也承认这只具有理论上的可能性）。奥古斯丁在反驳伯拉纠的过程中，对恩典、原罪、自然、自由意志、预定等概念进行了系统的阐发，而这其中，最核心的观念是自由意志。因为伯拉纠主义最合理的地方在于：正当地说一个人有罪的前提，是承认他本来具有不犯罪的自由意志。用一种吊诡的说法来表述是这样：如果人性真的是绝对败坏的，那他反倒不可能是有罪的，因为本性决定了他只能如此。而如果没有别的可能性，那就只存在实然，而不存在应然的问题，可是道德评价又必须是一种应然。

对这一点，奥古斯丁直截了当（由于太过违背直觉，这种直接性是在他之前的基督教思想家那里没有出现过的）地说，在亚当堕落之后，人类的自由意志只具有犯罪的可能。但是有两点要注意：1. 罪是必然的，但并不是必须的，所以不能为人的堕落免脱罪责；2. 自由意志仍然是存在的，因为它只不过意味着"照自己想的做"而已，至于人类想做什么的动机和意愿，在亚当的堕落之后就已经彻底被败坏了，并且通过两性生育代代相传。于是，这种"被败坏了的自由意志"，既没有依靠自身向善的能力，又可以使人成为承受罪责的道德主体。

这套看似复杂的理论，不只是为了自圆其说而刻意为之。它的目标很明确：为了维护耶稣所传的福音的关键信息（这也是耶稣对犹太教最重要的改造或者说成就）：信仰先于律法，甚至也先于道德。有了信心，才能够接受恩典；接受恩典，才能使自由意志摆脱罪的捆绑,让人类堕落之后的自由天性,复归其原有的荣耀。只有这样,耶稣基督的殉道才可以说具有不可取代的意义。在神的秘密预定下,人通过救恩称义,而不是通过自己称义,这就是奥古斯丁最基本的原则。

然而,即使以上这一切都可以成立,奥古斯丁还是留下了一个最难解的谜团,那就是:为了表明人类的绝对和完全的败坏,以及神的绝对和至高无上的主权,就要把一切都归于上帝的预定。可是,就算恶并非实体,而只是善的缺乏,那这个"缺乏"本身是否来自神的意志?让缺乏发生,也就是任凭撒旦和亚当背离其创造者,这到底是否出于创造者自身的意志?如果是,则神并非全善;如果不是,则神并非全能,这就又回到了神义论的老问题。

对此,奥古斯丁的回答是非常高明的,他说:"虽然邪恶就其是邪恶而言,不是良善,然而邪恶与良善都存在的事实,乃是良善。"[①] 也就是说,神并不是邪恶的源头,而是邪恶与良善并存这个事实的源头,而后者本身也是其良善的一种彰显,因为神允许自由意志的存在,即使它会产生堕落与罪恶。

这个思路会让人想起莱布尼茨对于这个世界是"一切可能世界中最好的世界"的论证,也就是通过把"至善"理解为"最大可能的善"而不是"不存在恶",来进行神义论的辩护。当然,

---

[①] 奥古斯丁:《论信望爱》,转引自奥尔森. 基督教神学思想史 [M]. 吴瑞诚等,译. 上海:上海人民出版社,2014:276.

这种处理方式还是免不了可能被利用来为邪恶的存在辩护（因为它已经成为更大的善的一部分），但是即便如此，这也已经是对于"神恩独作论"的最佳辩护模式了。而神恩独作论，正是基督教灵修传统区别于二元论的世俗道德的理论基石。

以上，我们从奥古斯丁的思想背景，以及他个人克服信仰危机的思路历程两个方面，阐明了二元论思想何以成为基督教救赎论的根本威胁，进而也是对"因信称义"的人格养成进路的根本否定。接下来，我们就要对比一下，"养气"与"称义"这两个进路，在转型时代的儒家与基督教那里，具体是怎样呈现的。

第三节　宋儒对"知言养气"的继承与发展

在前两节，我们系统梳理了以"养气"和"称义"为核心的儒耶人格养成论，在形成期之后，其根本逻辑分别受到的那些挑战。从先秦儒学经过汉唐到宋代理学，以及从使徒时代经过教父哲学再到经院哲学时代，儒耶人格养成论的这两个根本进路，一直是屡受挑战却不绝如缕地发展着。而它们再次得到系统性的显明，是在中古时期的两位集大成者那里，也就是朱熹和阿奎那。

在以这两位思想家为主线进行比较之前，还是要先梳理一下他们各自最直接的思想背景。朱熹所继承的，是从周敦颐、张载到二程的"气以载性"思想，也就是以"气"这个概念为基础，

第三章 儒耶人格养成论的中古转型期

建构起整全的从自然到人文的宇宙发生论,以及"穷理尽性以至于命"的思辨体系。那么,为什么"气论"特别重要?这得先解决一个逻辑上的前提。

荀子曾经提出一个说法,认为"格物穷理"是没希望的,也不必要,因为人的知性不能遍及天地万物之理,所以只要一心一意地"法圣王"就可以了。① 这就相当于否定了心性修养的内在根源性,把教化变成了一种外在的东西。但是荀子这里有个漏洞——格物穷理,不一定要求"遍"格所有之物。如果我们承认,自然万物和各种人伦事务之间存在着共通的关系,也就是说,它们在本体论上是"均质"的,那么在这个预设的前提下,荀子的主张就不能成立。

而把这个天人一体大化流行的共同预设讲清楚,就是"气论"的意义所在。前面之所以说,孟子的"知言养气"说是儒家人格养成论的总纲,就是因为它综合了理气论与心性论。或者说,这是一种以理气论为基础的心性论,只是很多内容隐而未见,有待后人生发。程朱理学得其一体,陆王心学又得其一体。

所以,从逻辑上说,宋代儒学的重建,要接续先秦的道统,也一定是从气论开始的。因为正如孔子"五十以学易",孟子讲

---

① 荀子认为,如果凭借自己去认知世界的话,"以可以知人之性,求可以知物之理,而无所疑止之,则没世穷年不能遍也。其所以贯理焉虽亿万,已不足浃万物之变,与愚者若一。"而另一方面,"圣也者,尽伦者也;王也者,尽制者也;两尽者,足以为天下极矣。"所以相应地,倒不如"止诸至足",也就是以圣王为法,就可以没有疑惑了。(《荀子·解蔽》)

浩然之气"难言也",先秦儒家在进行人性论的构建时,其实也意识到自己在自然哲学这一块是有缺失的,也就是需要系统的宇宙生成论建设,来完善自己的人伦社会学说。这也正是为什么汉儒不惜借用神秘主义的谶纬之学,强行建立起一个充满想当然的目的论比附的天人之论,把儒学变成一种巫术、宗教、伦理与政治神学杂糅的理论。①

在东汉以及魏晋之后,唐代儒学不但受到佛道的挤压,三分天下只有其一,而且自身内部又有"异儒"思潮的倒戈一击。② 即便有韩愈、柳宗元、刘禹锡、李翱等人重申孔孟之道的努力,相应的理论建设也还是大大不足的。③ 在这种情况下,儒学必须于此处有根本性的重建才行。

北宋周敦颐的《太极图说》,虽然篇幅极短,却是一部同时奠定天人合一的儒学宇宙观,各正性命的本体思辨结构,以及

---

① 《说文》把"儒"说成是"术士",《汉书·艺文志》说儒家"出于司徒之官",这两种说法类似于孔子说的"小人儒"和"君子儒"的两极。虽然后世章太炎、胡适、李泽厚等人,也都把儒的起源追溯到上古的巫史传统。但是毕竟先秦儒家已经进行了转型,变成了一种礼教人伦心性之学。所以说,汉儒在这个时候回归神秘主义传统,是一种基于现实政治考虑的倒退。这也正是为什么儒家在追溯道统时,通常都会有意无意地忽略汉儒的地位。

② 啖助、陆质等具有深厚经学素养的学者,以刘知己"六经皆史"的态度,将春秋三传这样的神圣经典降为普通文本,进行解构性的批判,这种做法的颠覆性意义,可以与18世纪西方的圣经"高等批评"(Higher Criticism)相提并论,而后者已经是西方启蒙时代的产物了。关于"异儒"这个概念的有关解说,参见程遂营.卫儒、逆儒与异儒——唐代儒学及其贫困原因刍论[J].河南大学学报(社会科学版),2011(1).

③ 以宋儒的标准而论,唐代韩愈的《论语笔解》、李翱的《复性书》等作品,都只是专题之论,没有一部能称为系统的建构性作品。

"气以载性"的理学本体论基础的开山之作。① 在周敦颐那里，"气"是一个特殊的存在，它既是基本的物质元素，又是包括了自然、逻辑与人伦的大化流行的基本原则。就前者而言，"气"是"无极—太极—（动）阳—（静）阴—五气（金木水火土）"这样一个演化顺序的结果；就后者而言，又是一个"（乾坤/阴阳/男女）二气交感，化生万物"的规律性的描述。

在朱熹对周敦颐的解释里，更是体现出"气"这个概念的多义性，他首先说"阴阳是气，五行是质"，但是马上又接着说："五行虽是质，他又有五行之气做这物事，方得。然却是阴阳二气截作这五个，不是阴阳外别有五行。"②

这段话的意思有三层。首先，是把阴阳（形而上学意义上的，抽象的对立原则）当成"气"，由此观之，五行也就相应地变成了"质"。其次，是提出五行之质上还有"气"，也就是回到了周敦颐所说的"五气"。最后，则又是再回到"阴阳二气"这个根本，认为阴阳与五行并不是两回事。

而朱熹的说法之所以显得这么复杂，是因为在他的话语体系里，"气"本来就有三层意思，1. 阴阳这两个对立原则；2. 物质元素（五行）的自然规定性；3. 与形而上的"理"相对应的形

---

① 关于周敦颐与儒学转型的关系，可以参见蒋国保. 周敦颐与儒学的第二次转型——兼论周敦颐系宋明理学之理论奠基人 [J]. 船山学刊，2018（1）.
② 《朱子语类·理气上》第 48 节。朱熹认为，"气积为质"，而有了质就具有了"性"（同上，第 7 节）。

而下的存在。① 用现代哲学的语言来说，"气"既是精神的，又是物质的；既有逻辑学的意义，又有本体论的意义；既是自然的，又是人伦的。以基督教哲学的视角来评价，我们可以说，宋儒的气论有一个根本性的问题，就是把本体论和宇宙论混为一谈了，也就是希望用同一套概念，既表述不动不变的实体（最高原则），又表述时空中有生灭变化的现象。但是以儒家视角而言，这恰恰是一种将存在与活动结合的独特思路。②

正因为如此，张载的"太虚即气"，可以说是在周敦颐之后，进一步强调了"气"的运动性。他把道家讲的"无中生有"，解释成从无形（虚）到有形（气）的关系。气聚则为物，气散则为虚，并不是形而下和形而上之间的质的区别。而且进一步说，"感"（能动性）是气的固有属性，无论在什么形态中都会表现出来。这样一来，"气"就成为宇宙的最终依据，而且是以自身为依据，处于永恒运动之中的。

以这个包罗万有的"气"为本原，张载进一步区分了纯善的"天地之性"与善恶杂糅的"气质之性"。但是严格来说，这并不意味着张载是严格意义上的二元论者。因为他是以性为本，以气

---

① 《朱子语类·理气上》第10节："理未尝离乎气。然理形而上者，气形而下者。"

② 牟宗三说，儒家的性体是"即存有即活动"的。张岱年则说，中国哲学的"本体"和西方不同，指的是最根本的存在的本原，也就是物质世界原始的样态。这些说法有一个共性，那就是中国哲学并不区分本体论和宇宙论，不存在一个"不变不动的太一/上帝"作为存在的最终依据。中国哲学里的"本体"，必须是有生成能力的运动着的东西。

为载体，性与气互为表里的。也就是说，性是完满的，但是当性表现为气质之性的时候，是有缺陷的。这与孟子所谓先天性善，却难免陷溺于后天之遮蔽，思路并无不同。

而无论是像侯外庐那样，把张载的思路理解为视"气"秉承"性"时的偏与正，来决定后天的气质是纯善还是善恶杂糅；① 抑或是像牟宗三那样，把"气质之性"的偏限，理解成"天地之性"的隐而不显或者说不能尽现，② 都不能说"气质之性"是独立的另外一极。张载特别强调"天地之气"的内在一致性，所谓"天地之气，虽聚散攻取百涂，然其为理也顺而不妄。气之为物，散入无形，适得吾体；聚为有象，不失吾常。"③ 也就是说，天地之气就算是具体化在个人身上（适得吾体），其本质也是不被沾染的（不失吾常），问题只是出在"禀"气的方式上而已。

所以更合理的说法是，张载的"气质之性"并不是恶的根源，甚至连通常被看成万恶之源的"欲"，也只是气所固有的"攻取"之倾向。可是前面提到过，攻取并不能影响天地之气的性质，正如善性被遮蔽，并不能影响善的根本性。所以严格来说，气质之性并不是性本身，"性于人无不善"。④

在此基础上，张载和孟子一样对"养气"工夫表现出重视。具体的人性，是天地之气"合而成质者"。养气则是反过来，要

---

① 侯外庐. 宋明理学史 [M]. 北京：人民出版社，1997：111.
② 牟宗三. 心体与性体 [M]. 上海：上海古籍出版社，1999：433.
③ 张载. 张载集 [M]. 北京：中华书局，1985：7.
④ 张载. 张载集 [M]. 北京：中华书局，1985：22.

变化气质以成性，也就是复归天地之气。关键就是和孟子一样的反其本心之道，所谓"人之刚柔缓急……反之本而不偏，则尽性而知天矣"①。

在这个意义上说，最重要的修养工夫就是"克己"和"积善"。"惟其能克己则为能变，化却习俗之气性，制得习俗之气。所以养浩然之气是集义所生者，集义犹言积善也，义须是常集，勿使有息，故能生浩然道德之气。"②而张载比孟子更进一步的地方在于，他明确提出了"以心克己"的新的方法论，也就是以"虚心"的方式"变化气质"，具体来说就是寡欲。

张载认为，天只有性而没有心，人之所以产生了心，是"因物为心"。也就是说，自我意识的产生直接来自物欲（因为在物我关系中才有"我"的概念），所以不能徇物丧心，而要"忘物累"而顺性命。但是要注意，这种人格养成方式，并不是基督教那种禁欲苦修的唯灵主义，而是以"知礼成性"为进路的。养心莫过于非礼勿言，非礼勿动，"至于中礼却从容，如此方是为己之学。"③ 不是禁欲，而是用礼约束欲，而礼本身又是天道与天性的具体表现，这也是张载秉持性善一元论的一个证明。

张载之后，程颐也有类似的思路。他认为："性即理也，所谓理，性是也。天下之理，原其所自，未有不善。喜怒哀乐未

---

① 张载. 张载集 [M]. 北京：中华书局，1985：23.
② 张载. 张载集 [M]. 北京：中华书局，1985：281.
③ 张载. 张载集 [M]. 北京：中华书局，1985：269.

发，何尝不善？发而中节，则无往而不善。"① 也就是说，因为源自共同的天性，所以诸如喜怒哀乐这样气质之性的具体表现，本质上都是善的；就算带有后天的欲望，只要"发而中节"，也就是符合礼法，也都是善的。

最终，这个思路在朱熹那里表述得最为清楚："气质之性，便只是天地之性。只是这个天地之性却从那里过。好底性如水，气质之性如杀些酱与盐，便是一般滋味。"② 这样说来，气质之性就是天地之性（纯善之本源）自然推演出来的，是天地之性的表现形式而已。天地之性如同送进厨房的食材，气质之性如同加工过后的食物，只不过是加了些调料而已，究其本质乃是一回事。朱熹同时也说："论天地之性，则专指理言；论气质之性，则以理与气杂而言之。未有此气，已有此性。气有不存，而性却常在。虽其方在气中，然气自是气，性自是性，亦不相夹杂。至论其遍体于物，无处不在，则又不论气之精粗，莫不有是理。"③ 这更是进一步做实了性善之本体（天地之性）是纯然不杂糅的。

不过这里有一个令人疑惑的地方，那就是孟子讲的纯善"浩然之气"，为什么会被"天地之性"这个说法取代？而照此说，"气"既然是与"理"相对的概念，有精粗清浊之别，而非像后者那样纯粹只有正面的属性。那么，"直养而无害"的"养气"

---

① 程颢，程颐. 二程集 [M]. 北京：中华书局，2004：292.
② 《朱子语类·性理一》，第 52 节。
③ 《朱子语类·性理一》，第 46 节。

之道，还能成立吗？

以上这个问题，从朱熹对孟子的评述中可以看出端倪。首先，对于"养气"的意义，朱熹是有所保留的。他认同二程所谓"养心只是养心，又何必（以养气之类的方法）助"的观点，并且进一步说，这样会导致"盖才养气，则其心便在气上了"，甚至是"心死在养气上，气虽得其养，却不是养心了"，所以这种做法是不正确的。①

但是朱熹同时也专门辩解说，他对于"养气无助养心"这个说法，最初也是怀疑的。而且他本人非常看重养气工夫的重要性，曾明确指出"如孟子中'养气'一段，是学者先务"，而且特别强调，孟子这段话是"从头至尾都要紧"。只不过他认为"知言养气"之说，并非"栋梁"这样的核心地位罢了。② 换句话说，朱子在这里之所以要区分"养气"与"养心"，并不是因为"养气"本身有什么问题，而只是因为这件事（基础的人格修养）是念兹在兹的"平日思虑"，此事"微涉于道"，恐怕引起误解，所以要特别提出来说。③

朱熹对养气的微妙态度，是因为一个基本的逻辑问题：按照儒家天人合一的自然与人伦关系而言，兼具物质与精神性的

---

① 《朱子语类·程子之书三》，第26-27节。
② 原文是这样的："（弟子问）：'养气'一段，不知要紧在甚处？曰：'从头至尾都要紧。'因指静香堂言：'今人说屋，只说栋梁要紧，不成其他椽桷事事都不要！'"（《朱子语类·朱子十五》，第89节）
③ 《朱子语类·程子之书三》，第28节。

"气",是比更直接涉及人伦礼教的"心"更根本,但同时也更间接的东西。而这就存在一个吊诡的地方——从"更根本"这个角度来说,养气当然是"学者先务",君子务本,本立而道生;但是从直接的目的性的角度来说,"养心"也就是意志的自觉,理论上则是无须再牵涉"养气"之工夫的。正如二程所言,行孝就是行孝,一门心思去做就好了,何必再生一事以为助力?① 不过按理说,这本来不应该是个矛盾,因为在朱熹那里,连理和气都是统一的,养气和养心,也完全可以被视为一体。从理论上说,正如理是天地之先的存在依据,而气是理的流行发育,所以一切后续的心性之说,都可以统一为"养气"工夫。

但是,从修养工夫的具体进路来说,所谓体察"喜怒哀乐未发谓之中"的静坐涵养工夫即是"养心"。而养心的要害是"寡欲"和"中虚",也就是只看眼前事,尽可能减少心中的思虑。② 而"寡欲"的意思,不只是节制不好的欲望,就连好的欲望也应当节制。③ 所以,"直养而无害"的养气,如果本身也是一种"欲",当然会对养心形成干扰。以此而论,朱熹恐怕再存一个"养气"的意识,会让人心"多欲",觉得不管初衷如何,这总归

---

① 《朱子语类·程子之书三》,第26节。
② 《朱子语类·孟子十一·尽心下·养心莫善于寡欲章》,第4节。
③ 《朱子语类·孟子十一·尽心下·养心莫善于寡欲章》,第2节。

是个隐患，这也算合理。①

  当然，整体而言，朱熹并没有只是把"养气"看成是对"养心"的干扰。而且这个概念在其理论体系中的地位，也绝不只是"椽桷"那么简单。事实上，在《朱子语类》里有119处提到"知言"，74处提到"养气"，大大超过提到"养心"的24处，足见他对养气之说的重视。只不过，孟子那句"必有事焉而勿正，心勿忘，勿助长"，很难说是指养心还是养气的论述，在朱熹那里不只是从"直养而无害"这个方向理解的。关于这一点，《朱子语类·朱子十》第15节特别值得分析，原文如下：

    先生极论戒慎恐惧，以为学者切要工夫。因问："遗书中'敬义夹持直上达天德'之语，亦是切要工夫?"曰："不理会得时，凡读书语言，各各在一处。到底只是一事。"又问："'必有事焉而勿正'一段，亦是不安排，亦是戒慎恐惧则心自存之意?"曰："此孟子言养气之事。'必有事焉'，谓集义也。集义，则气自长。亦难正他，亦难助他长。必有事而勿忘于集义，则积渐自长去。"

  从以上文字中可以看出。朱熹所谓学者的"切要工夫"是

---

① 另外一个例证是，朱熹在解释为什么"潜心于学"时往往会"为他虑引去"时，也接受张载归因于"气"的说法。而他的对策是，不要讲什么"直养而无害"，这时候该强调的是"持其志无暴其气"——"若我不放纵此气，自然心定。"(《朱子语类·论语二·学而篇上·字而时习之章》，第53节)

"戒慎恐惧"。但是这个否定性的方向,和"敬义夹持直上达天德"这个肯定性的方向"到底只是一事",二者统一于孟子说的"必有事焉而勿正"的"养气之事"。由此可见,这段话里面蕴含的修养进路,既是"不安排"、不干扰,亦是"戒慎恐惧则心自存之意"。所谓"集义,则气自长。亦难正他,亦难助他长。必有事而勿忘于集义,则积渐自长去。"也就是说,"养气"是自然而然的过程,也是一个肯定与否定兼备的进路。

而进一步说,这个问题之所以显得这么复杂,有两个原因。首先,从儒学发展史来说,从先秦/古典儒家到宋代的新儒学,其间经历了法家以及佛道两教的巨大冲击。法家的性恶论,佛教的禅修方法论,道家的养生和养气学说,都需要儒家做出回应。所以这个时代再谈"养气",牵涉到很多额外的关节,孟子时代那种"直养而无害"的简单思路,早就不足以应付了。

其次,就"养气"说的源起而言,孟子本身就兼具"养气"与"养性"的两大传统,他那时所说的"集义",原本就是对秉承先秦养气说的"养(血气之)勇"路线的否定。包括对人的自然属性(肉体和血气)的肯定和护持、扩充和由义生气这几方面的内容。[①] 天地原本具有自然之善性,气亦是由道德之心而生,再反过来由此心志作为气的统率。总之,这是一个气与性兼备的系统。

---

① 参见丁四新.论早期先秦儒学的养气说与养性说[J].陕西师范大学学报(哲学社会科学版),2007(7).

然而，孟子这套学说之所以成立，是以性善一元论为前提的。一旦对此有所偏离，自然就会出现理解上的混乱。而偏偏宋儒又有一种区分气质与义理之性的二元论倾向，① 这就难免朱熹在评述"知言养气"之说时会经常出现前后不一致的地方了。

比如，朱熹一方面说："养气之说，岂可骤然理会？候玩味得七篇了，渐觉得意思。"② 另一方面又说："养气一章，被它说长了，极分晓，只是人不熟读。"③ 那么，养气之说到底难不难懂？不知道。

又比如说，在论及"知言"和"养气"关系时，朱熹先是说"不知言，如何养得气？"认为不是先养好气了再来裁量长短，而是"须要识这尺"，④ "若知言，便见得是非邪正。义理昭然，则浩然之气自生。"⑤ 但是另一方面，他又说"知言便是穷理"。⑥ 然而，如果格物穷理是养气的前提，除了圣人之外，又有何人拥有此等能力？岂不是对大多数人而言，个人修养之路还没开始，就已经宣告了不可能？所以朱熹又补充解释说，"穷理"在深度和广度上都是有限的，这个过程当然不是容易的，但是其间只要

---

① 参见高海波. 宋明理学从二元性到一元论的转变——以理气论、人性论为例[J]. 哲学动态，2015（12）.
② 《朱子语类·朱子十四》，第5节。
③ 《朱子语类·论语一·语孟纲领》，第74节。
④ 《朱子语类·孟子二·公孙丑上之上·问夫子加齐卿相章》，第4节。
⑤ 《朱子语类·孟子二·公孙丑上之上·问夫子加齐卿相章》，第51节。
⑥ 《朱子语类·孟子二·公孙丑上之上·问夫子加齐卿相章》，第52节。

>>> 第三章 儒耶人格养成论的中古转型期

有些许觉悟即可,① 并不做绝对性的要求。只是,这个觉悟的程度要到哪一步？还是不知道。

更关键的一个问题是,前面提到过,朱熹之所以认为养气无助于养心,是因为这样会干扰养心,让人"心死在养气上"。可是,朱熹在回答为什么"他书不说养气,只孟子言之"的时候,又分明表示"大抵只是这一个气,又不是别将个甚底去养他。但集义便是养气,知言便是知得这义。人能仰不愧,俯不怍时,看这气自是浩然塞乎天地之间。"② 也就是说,真正意义上的"养气",其实本就无可养,也无需养,无非是知言（格物致知穷理尽性）和集义（戒慎恐惧克己积善）的工夫。这样说来,"养气"是不会干扰到养心的,因为它本身就贯穿于人格修养的全过程,而且也是道德修养的一个自然结果。

以上这些分析,不是为了指出朱熹的内在矛盾,而是为了说明,"知言养气"之说必须以性善一元论为前提,任何对此的偏离,都会引起混乱。虽然从张载到程朱的宋代儒学,并不是严格

---

① 《朱子语类·大学五或问下·传五章·近世大儒有为格物致知之说一段》,第13节:"知言要'身亲格之',天下万事,如何尽得！龟山'反身而诚,则万物在我矣'。太快。伊川云:'非是一理上穷得,亦非是尽要穷。穷之久,当有觉处。'此乃是。"在这段话里,朱熹先是说知言穷理是很难的,但是又不同意只讲反身而诚就够了,所以最终做出了妥协,也就是接受程颐的说法——"穷理"不必要求太高,态度是认真的就好,只要心里有相应的觉悟之处就行了。
② 《朱子语类·孟子二·公孙丑上之上·问夫子加齐之卿相章》,第72节。

111

意义上的二元论，① 但是与后世陆王心学的讲法相比，毕竟相对来说存在某种二元论的倾向，而这正是他们的理论出现不自洽之处的根本原因。②

进一步来说，以一种同情之理解的视角来看。以朱熹为代表的宋儒，之所以会在这个问题上出现二元论的倾向，并不是像荀子那样另立一说，而是要接着孟子讲下去，把先秦儒学开端的心性理气思想，阐发得更为丰富和深刻。一个典型的例子是，同样是以水比喻人性，孟子的讲法很简单："人性之善也，犹水之就下也。"（《孟子·告子上》）而朱熹的说法则复杂得多："心如水，性犹水之静，情则水之流，欲则水之波澜，但波澜有好底，有不好底。欲之好底，如'我欲仁'之类；不好底则一向奔驰出去……如水之壅决，无所不害。"③

后一个解释，当然比孟子更深入，但同时也必然会带来一系列的问题。因为"水之就下"比喻"人性之善"的必然性，很明

---

① 学界对于这个问题是存在争议的。因为理与气的关系，本来就是既有区别又有统一性的。理一分殊和气化流行、理先气后、理本气末和理气不离，这些基本的论题都存在多种解读角度。但是大体说来，用一种动态的眼光来看，宋儒相较于汉唐，是从二元论到一元论的进步，但是相对于后世的心学发展，则还是存在二元论的痕迹。说这里存在"从二元论到一元论的发展过程"，是比较妥当的。

② 朱熹的学说，接下来虽然受到王阳明"析心与理为二"的指责，但他强调的"格心外之理"（读书和应事接物），其实是"格心内之理"（心念起处辩是非）的补充。因为理在人心亦在外物，心与理是合一的，所以格外物也可以帮助内在自省。更何况人心易受蔽惑，内格之所见不一定真切明晰，这就更是需要格心外之理以资佐证了。

③ 《朱子语类·性理二·性情心意等名义》，第71节。

显是一元论的。但是说到水的动静，心与性、情与欲的关系，就容易显现出"人心中存在必然之恶"的善恶二元论倾向了。与孟子比，这当然是较为二元论的，但这并不是朱熹的错误，而是要把理论发展深入时所必然付出的代价。事实上，在先秦儒学的原始文献里，除了"性善"这个基本原则外，很多微言大义的讲法，都是给后世的分歧留下空间的。比如"反身而诚"和"格物致知"，"直养而无害"与"持其志无暴其气"等。这不只是修身进路的不同，更是思想方式的根本差异，蕴含着心性论和理气论的不同侧重。①

其实，朱熹也不是没有试图统一理气说与心性论。这方面最重要的一个命题，就是他的"理生气"。而这个讲法，是在张载的"心"和程颐的"性"这两个核心概念的基础上生发出来的。首先，朱熹很喜欢在广义上运用"性"这个概念，也就是把人性与物性统一起来看，认为人性是天地之物性的自然结果。这跟孟子所谓的充塞于天地之间，同时又能自然转换成道德良知的"浩

---

① 这里面的路线差异，不只在宋明儒学里存在。近代以来，受西方哲学特别是康德哲学影响，新儒家内部的很多论战，也都是这两条路线以新形式进行的延续。比如冯友兰和熊十力有关"良知是一个理论预设，还是一种直接的当下呈现"这个议题的争辩，就明显是受到"是否存在智性直观"这个西方哲学议题的影响，为中国哲学的传统问题开出了新的研讨方式。笔者认为，熊十力所谓"知者证知，本心炯然内证也，非知识之知"（熊十力. 新唯识论［M］. 北京：中华书局，1985：252），更有孟子的味道。

然之气"，具有很强的内在一致性。① 其次，正是由于"性"是无所不包的，相应的，道德良知在天人之际的发端，就变成一个重要问题。而突破点，就是张载所谓"心统性情"。

对于张载之"心"，朱熹有一段评论说："心统性情，性情皆因心而后见。心是体，发于外谓之用……一心之中自有动静，静者性也，动者情也。……心是浑然底物，性是有此理，情是动处。"② 从这里我们可以看出，朱熹表面上接受张载的观点，事实上却做了某些微妙却重要的改造。比如，虽然朱熹明确地说"心是体"，但是从逻辑上说，与其说心是本体，倒不如说性是本体。因为最根本的"性"是不变不动的"理"，是它构成了"心"与"情"的共同依据。这个"理"的运动形成了"情"，而性与情的"见"（表现），才是心的作用，所谓"性情皆因心而后见"。这样说起来，心其实是性的认识理由，③ 而性既是心的存在理由，也是情的根本规定性。

既然如此，为什么朱熹又会说"心是体"呢？这是因为，有

---

① 但是我们不能由此就认为，能够对"理生气"这个说法，做后世那种心性论的解读（这方面的论点可以参见乐爱国.朱熹的"理先气后"：一种心性工夫论的论证 [J]. 人文杂志. 2017（4）），因为朱熹的方法论和整体思路完全是另一番景象，不能只是因为"可以"比附成某些内在的心理活动（比如"理直气壮"），就反过来说朱熹原本就是心性方面的意思。总体而言，朱熹讲的是"性即理"，和心学所讲的"心即理"是有根本区别的。
② 《朱子语类·张子之书一》，第41-43节。
③ 朱熹说："心是把捉人底，人如何去把捉得他！只是以义理养之，久而自熟。"（《朱子语类·论语二·学而篇上·字而时习之章》，第53节）这种讲法，就是把"心"当成认识的原因，而非认识的对象。

关这个问题的阐发,是从孟子的心性论开始的,朱熹也是在孟子的语境下,才有了"心是体"这个说法,然而这并不意味着"心"真的就是其体系里的第一原则。朱熹在解释孟子的"四端之心"时说:

> 恻隐、羞恶、辞让、是非,情也。仁、义、礼、智,性也。心,统性情者也。端,绪也。因其情之发,而性之本然可得而见,犹有物在中而绪见于外也。①

也就是说,"端"一方面来说是起点,另一方面来说则是通过"情之发"而使"性之本然可得而见"的"绪"。② "性"与"情"的分别,是就内和外而言的。而"心"则兼具内在的"端"和外在的"绪",未动的"性"和已动的"情",③ 所以是比"性情"更高一级的概念。由此可见,在孟子开创的这个语境里,可以讲"心统情性";但是在"性即理"这个意义上,"心"并没有那么高的地位,绝不可能有后世陆王心学所谓"心即性"的发挥空间。

---

① 《四书章句集注·孟子集注·公孙丑章句上》,第6节。
② 《说文》谓"绪,丝端也",也就是丝线的头。这就是把绪和端当成了一回事。但是严格来说,"端"是逻辑上来说的"起点",而"绪"是现象上来说的"可见之物"。事实上,当我们说"头绪","思绪"这些词的时候,都在暗示"头"和"思"都是不可见的,而"绪"则是可感可见的,或者是可认知的。
③ 《朱子语类·性理二·性情心意等名义》,第71节:"性是未动,情是已动,心包得已动未动。盖心之未动则为性,已动则为情,所谓'心统性情'也。"

进一步说，朱熹之所以觉得自己要主动回到孟子，也是因为对前人忽略"情"的不满。他说：

> 旧看五峰说，只将心对性说，一个情字都无下落。接下来看横渠"心统性情"说，乃知此话有大功，始录得个"情"字着落，与孟子说一般。孟子言"恻隐之心，仁之端也。"仁，性也；恻隐，情也，此是情上见得心。又曰"仁义礼智根于心"，此是性上见得心。盖心便是包得那性情，性是体，情是用。"心"字只一个字母，故"性"、"情"字皆从"心"。①

在这段话里，朱熹对胡五峰（胡宏）的批评，正如他对张载的肯定一样，都是由于"情"这个概念的着落。而这个着落之所以重要，则是因为孟子的心性论是重情的。但是很明显，心之所以能够统摄性情，关键是一个"见"字。情上见得心，性上也见得心，所以心是一个"字母"，是性情二者的交集，但是不宜再做拔高。毕竟在朱熹的体系里，理而不是心，才是第一位的概念。

而就"理"这个概念而言，朱熹对程颐的"性即理"之说给予了极高的评价。他说："性即理也，自孔孟后，无人见得到此，

---

① 《朱子语类·性理二·性情心意等名义》，第65节。

亦自古无人敢如此道。"①同时，朱熹在给《中庸》和《孟子》做注的时候，也经常提到"性即理"这个说法。

有意思的是，程颐原本的论述，其实内在逻辑并不是"性即理"，而是"理即性"。程颐说：

> 性即理也。所谓理，性是也。天下之理，原其所自，未有不善。喜、怒、哀、乐未发，何尝不善。发而中节，即无往而不善；发不中节，然后为不善。故凡言善恶，皆先善而后恶；言吉凶，皆先吉而后凶；言是非，皆先是而后非。"②

这段话前面引用过，但是放在这里看，还有额外的两层意思：1. 因为理规定了性，也就是内在规定性（理）逻辑在先地规定了内在性（理即性），所以才能反过来在性里看到理（性即理）。也就是说，是"理即性"保证了"性即理"。2. "善""吉""是"等肯定性的概念，逻辑在先于"恶""凶""非"等否定性的概念。未发之情，无有不善，只是因为"发不中节"（这个"节"同样是"理"的规定），才有了所谓的"不善"。

在这里，我们已经很明显能够看出普罗提诺所谓"恶是善的缺乏"的思路。这一思路上承巴门尼德的"存在者存在，不存在者不存在"，下启基督教的"罪是对上帝的背离"，它们的共同之

---

① 《朱子语类·孟子九·告子上·性无善无不善章》，第23节。
② 程颢，程颐. 二程集［M］. 北京：中华书局，2004：292.

117

处在于，只有肯定性的东西才是实体，而否定性的东西则是第二性的。

作为宋明理学的集大成者，朱熹理所当然地代表了儒学之正统。然而新儒家的代表人物牟宗三却说朱熹是"别子为宗"。虽然后人多以此为六经注我之语，① 但是牟宗三至少说对了一件事，那就是与之前的周敦颐、张载，以及之后的陆象山、王阴阳相比，朱熹的工夫论是比较特殊的，是"顺取"而非"逆觉"。牟宗三说："先秦儒家以及宋明儒之大宗皆是以心性为一，皆主心之自主、自律、自决、自定方向即是理；本心即性，性体是即活动即存有者；……此性体不能由'即物穷理'而把握，只能由反身逆觉而体证。"②

这里所谓的"逆觉"，是牟宗三自创的术语。"逆"的意思是回返本心，使良知从欲望洪流的陷溺中超拔出来。这属于内圣之学的"纵贯"系统之正宗，不似格致诚正的"横摄"系统那样，偏离儒家注重内在良知体认的基本方向。

进一步说，"逆觉"这个词虽然是新的，但是类似的意思在孟子那里就有。所谓"存夜气，求放心"是也，或者说是"反身而诚"（《孟子·尽心上》）式的内在认知。按孟子的逻辑，之所以说"逆"，是指这种体认是反过来进行的。在论证道德的必然

---

① 参见王秋. 牟宗三判定朱熹别子为宗标准的疏解与反思 [J]. 吉林大学学报（社会科学版），2010（2）. 以及张凝. 论牟宗三判定朱熹别子为宗的诠释漏洞 [J]. 上海师范大学学报（哲学社会科学版），2018（3）.
② 参见高国良. 牟宗三的逆觉体证工夫论 [J]. 理论界，2015（2）.

第三章 儒耶人格养成论的中古转型期

性时，孟子经常使用的论证方式是，先假设某种陷溺于人欲的极端不道德的情况，然而再利用人们油然而生的逆反心理，反过来证明道德的存在是先天的和必然的。这就是由"逆"带来的"觉"（道德自觉）。

比如《孟子·公孙丑》里所说的"不忍人之心"，这个"不忍"，就是"逆"的思路。在孟子之前，孔子所谓"食夫稻，衣夫锦，于女安乎？……安则为之"（《论语·阳货》），也是这个思路。

但是进一步说，"逆觉"和"顺取"，其实是统一于"浩然之气"这个预设的。别忘了，孟子"反身而诚"这四个字前面，还有一句话叫"万物皆备于我矣"《孟子·尽心上》，这才是"反身而诚"的真正依据。只是从自然之必然到人为之应然这个进路，叫作"顺取"；从（陷溺于私心的）人欲到（与天地之道相通的）人性觉醒这个思路，叫作"逆觉"而已。而且严格来说，作为一种心理现象的"逆觉"，无论出现多少次，都不能推导出道德原则的先天必然性，只有以"万物皆备于我"的天人合一的预设为前提，才能证明内心体证到的道德原则是放之四海而皆准的。的确，这不太像宋儒的思路，倒像是汉儒董仲舒的思路。① 但是，不能只是因为朱熹在这一点上和董仲舒相似，就说他不是宋儒之正统，否则孟子也有此类思想，难道

---

① 董仲舒特意引用孟子说："举天地之道，而美于和，是故物生，皆贵气而迎养之。孟子曰：'我善养吾浩然之气也。'……故君子道至，气则华而上。凡气从心。心，气之君也，何为而气不随也。"（《春秋繁露·循天之道》）

孟子也成了异端？

　　所以说，根据以上这段分析，朱熹的"顺取"不但可以和"逆觉"兼容，而且是更接近于孔孟之本义的。因为孟子所谓"其为气也，配义与道……是集义所生者，非义袭而取之也"，本来就是在强调"直养而无害"浩然之气的途径，不是一时的内在觉醒就够了，而是需要持续不断的涵养工夫，把每个人都能在某个瞬间体认到的道德本能，变成时时刻刻都能坚持的道德自觉。在这个意义上说，朱熹格致诚正的"横摄"修养工夫，并不是由外而内，先讲本体论和宇宙论再推导出心性修养原则，反倒是近乎胡五峰的"尽心化气以成性"，而后者倒是被牟宗三看成是与朱熹不同的宋儒之"正宗"。

第四节　经院哲学对"因信称义"的继承与发展：以阿奎那为例

　　如前所述，儒耶人格养成论在其形成期（使徒时代与先秦儒家）分别奠定了"知言养气"和"因信称义"这两个核心要义，但是自这两个概念提出之日起，它们就一直受到各种形式的二元论思想的冲击和挑战。不过，这些冲击和挑战，并不一定意味着背离传统或者改弦更张，而是同时也具有丰富和深化原有内涵的意义。所以我们不能只是简单评价谁是一元论谁是二元论，谁是真道统或者谁是使徒的真正继承者，而是要在思想史的过程中，综合地认识每一位思想家对于思想共同体的贡献。特别是对于儒耶思想史上的几位集大成的代表人物，更是要充分尊重其思想的复杂性，才能还原儒耶人格养成论的本来面貌。

与上文提到的牟宗三对朱熹的批评有相似之处的是，中世纪经院哲学的代表托马斯·阿奎那，也经常被后来的新教神学家被扣上"神人合作论"的帽子，因为他在很多方面表现得过于相信人类的理性，似乎救赎的真理要通过思辨来获得。但是，如果不是以后见之明的标准来要求，而是放在基督教神学发展的真实过程中来看，则阿奎那根本性的思想底色，仍然是神恩独作论的。与其说是偏离，倒不如说他是以经院哲学之严谨，继承和发展了从保罗到奥古斯丁的这一脉"因信称义"思想。

其实在阿奎那之前，两位经院哲学的主要代表，也就是安瑟伦（Anselmus）和阿伯拉尔（Pierre Abélard），已经分别从不同角度延续了奥古斯丁的神恩独作论思想。安瑟伦关于基督救恩的"补赎说"，就是典型的神恩独作论的思路。在这个学说里，耶稣在十字架上的自我牺牲，并不是为了从撒旦那里赎回人类的灵魂，也不是基于付出赎价的客观必要性，而是基于神自身的荣耀与公义。在这个过程中，既没有撒旦的参与，也没有人类的参与，纯粹是从神性本身出发的推论。

阿伯拉尔则从另一方面立论，也就是强调神的爱而非荣耀，认为耶稣的牺牲不是在付出赎价，而是为人类注入一种新的爱神的行为动机。虽然前者完全基于客观的法律原则，后者则是基于完全主观的爱的原则，但是二者在强调神的绝对主权方面是一致的。这也是为什么经院哲学在宗教改革之后虽然受到新教神学家的诸多诟病，但是我们仍然可以说，它的底色仍然是正统的奥古斯丁主义的。正如前面我们说过，朱熹的格物致知穷理尽性之进路，无论受到后世阳明学的多少指摘，在他自己特定的思想时代里，都是对孔孟道统的发展和深化。

至于阿奎那本人，整体而言，"称义"问题并不是他的《神学大全》和《驳异教大全》的主题，正如"养气"也并不是《朱子语类》和《四书章句集注》的主题。但这是由阿奎那和朱熹的历史使命决定的，而不是由养气和称义概念在儒家和基督教人格养成理论中的地位决定的。事实上，经院哲学正如宋代理学一样，都是儒耶发展史上重要的思想体系化时期。前人微言大义引而未发之论，在这一阶段得到了最充分的探讨和建构，所以，以人格养成论而言，也有很多之前作为背景隐藏着的问题，在这个时期得到了更为明确的阐述。

如前所述，在经院哲学的发展史上，阿奎那和安瑟伦一样强调上帝的绝对性，但是他们有一个预设是很不一样的，那就是上帝的绝对性，是否意味着上帝直接控制万事万物的运作。换句话说，上帝的绝对性，到底是因为他的知识（非直接控制）还是能力（直接控制）？

不要小看这个分歧，这意味着基督徒的灵修方向存在根本性的不同。如果上帝的绝对性或者说"全在性"（Omnipresence）在于他的全知，那么基督教的灵修就更接近于一种"格物致知"的进路。而且，由于上帝并不需要对恶的存在负责，不是预定，而只是预知人类自由意志的选择。所以我们不但可以相信自己的理智，而且也应该对自己的自由意志的运用有信心。可是，如果上帝的绝对性在于他的全能，也就是上帝直接控制一切存在者，那么他就不只是预知，而且是预定了包括救恩的给予在内的一切救赎结果。这样一来，自由意志在"得救"这件事上就完全没有功劳可言了，而这就是一种绝对的"神恩独作论"的思想。

在这一点上，与安瑟伦相比，阿奎那是偏向于后一个选项的。虽然二者同样都将上帝在世界上的存在，比作灵魂在肉体中的存在。但是安瑟伦更强调这个灵魂对肉体的"感知"，而阿奎那更强调这个灵魂对肉体的"控制"。在解释上帝的全在性时，也只提上帝的能力，而不提上帝的全知。他的原话是："非物质性的东西之所以可以存在于一个地方，不是通过体积和质量，而是通过联系的能力……由于上帝是一个具有无限能力的非物质性的实体，所以上帝存在于所有的地方。"[①]

在这里，"联系的能力"是一个值得注意的说法。非物质性的存在，并不是"占据"（这意味着不变），而是"联系"（这就

---

① Aquinas. Summa Contra Gentiles , Book III , Translated by V. Bourke . Notre Dame and London: University of Notre Dame Press, 1991: 233. 转引自徐弢. 上帝的全在性：论安瑟伦与阿奎那的思想分际 [J]. 武汉大学学报（人文科学版），2010 (11).

意味着改变)。也就是说,上帝本身并不是我们一般意义上所说的"实存"的必然性,而是这个必然性的源头。也就是一个只产生必然性,而不被必然性制约的,绝对的自由意志。

之所以要强调这一点,是因为这是经院哲学时期的基督教与宋代理学时期的儒家最重要的区别。虽然后来利玛窦等人经常把"理"解释成"太初有道(逻各斯)"的那个上帝,但是耶稣会士在这个问题的理解,其实是比较偏向"人神合作论的"(与后来入华的新教相比,这也是他们会通儒耶时的便利之处),也就是不那么坚守正统。① 真正说来,虽然"道与神同在,道就是神"(《新约·约翰福音》,第1章第1节),但上帝是通过自由意志的言说而使自己成为道的,而不是由于他本身要遵循这个"道",才会有那样的言说。所以,基督教的灵修使命,与儒者有根本的不同。就算要会通,格物穷理尽心知命最多也只是起点,尽心尽性尽命地爱上帝才是目的,而后者意味着"倾听"一个绝对自由意志的言说,而不是"理解"他何以这样言说。这就是"我相

---

① 最典型的例子,是利玛窦在《天主实义》里明确地讲"人性善"。有人认为这是对儒家思想的妥协,也有人认为,这是因为阿奎那本来就有这样的讲法。(参见江璐. 利玛窦天主实义中"人性善"一说的经院学背景 [J]. 现代哲学,2016(7))的确,阿奎那有很多肯定自由意志向善之可能性的阐述,但是正如我们前面的分析所揭示的那样,基督教所谓的"向善之性",与儒家"自反而诚"的善性自觉,形似而实质相反。因为前者恰恰是由于"自反而不缩",本能地倾向于认识到自身的欠缺而向往至善,才成其为善的。没有这种辩证的思路,只从"人可以自由地做出道德的选择"来论证人性善,是太过简化基督教思想了。从这个意义上说,并不是宗教改革之后基督教才开始讲原罪和性恶,这个思想早就在原始基督教里扎根,在经院哲学里得到深入的辨析(由于这一时期哲学的繁琐、晦涩和辩证性而显得不是那么明确),并且在宗教改革之后得以重新发现显明的。

第三章 儒耶人格养成论的中古转型期

信,以便我能理解"的意义,与"信仰寻求理解"是有根本性的方向差异的。

以此为前提,阿奎那认为,基督徒的人格养成有三个步骤。首先是一般性的,通过(在最初的创造中被普遍地赋予所有人的)理性在万物中认识并且热爱上帝;其次是(通过特殊的恩典被创造出来的人性)在行为中习惯并且进一步热爱上帝;最终则是在进入应许的永生之后,以一种完美的形态认识和热爱上帝。[①] 很明显,除了第一个步骤与宋代理学具有相通性之外,第二、三个步骤(特别是在现世中进行的第二步骤),都完全是基督教独有的进路。这里面最关键的区别是,儒者的修身是本性自明(自省)的过程,本性在这个过程中并没有发生变化;而基督教的灵修则是一个本性改变(圣化)的过程,必须要有外来的恩典的照亮和提升,才能够进入到更高阶段的人格境界。

不过在另外一些方面,阿奎那也表现出与奥古斯丁的差异,并且在这些地方和儒家具有一定的相似性。比如,在有关神圣与世俗的统一性问题上,他对奥古斯丁思想最重要的更改,就是拒绝后者对欲爱(eros)、友爱(philia)、圣爱(agape)的区分和对立,而是把圣爱也看成一种友爱。这样一来,"爱"就具有了儒家所说的"差等"的意味。阿奎那认为,首先,最高等级的所谓圣爱,本质上也是一种友爱,因为它是以神圣的至福为目的

[①] 参见白虹. 托马斯阿奎那人性论初探[J]. 华中科技大学学报(社会科学版),2007(5).

的，所以必然会以自身就拥有至福的上帝为对象。其次，第二级的爱的对象，是理性的生物，因为他们有能力分享至福，其中首先是自我，其次才是邻人，而且对邻人的爱也是根据亲疏远近来排列的，这种世俗的情感因素与神圣性并不矛盾。① 最后，第三级的对象，是我们的肉体，这不是肉欲意义上的幸福，而是至福通过心灵而回报到身体上。②

这样一来，阿奎那就表现出对儒家"即凡而圣"和"爱有差等"思想的共通性。③ 不过要注意，阿奎那的出发点，仍是上帝的普遍恩典和照管。我们固然可以认为他也能接受"爱有差等"，要由近及远，而不是像奥古斯丁那样强调同时平等地爱所有邻人。但是这个主张并不像儒家那样，是从人的自然天性的必然出发的，而是从上帝的全在性，也就是绝对必然地掌握一切这个前

---

① 自我先于邻人，邻人亦有亲疏远近，对此既可以做世俗的理解，比如血缘和社会纽带的强弱，也可以做神圣的理解，比如分享至福的直接与间接的程度之别。后者具体来说是指，在"爱上帝"（分享至福）这个统一的指向上，在所有有理性的被造物之中，自我当然是最直接的，而且也完全没必要羞于承认其优先性（因为爱自己是以爱上帝为前提的）。至于其他人，则根据与我的关系的密切程度由近及远。只是要注意，这种远近亲疏之别，并不是自然性的（血缘），也不是社会性的（地位与关系），甚至严格来说都不是情感性的（基于个人喜好的心理认同），而是纯粹精神性的，是以源于上帝的爱为唯一标准的。耶稣在回答"谁是我的邻舍"时，举的是"好撒玛利亚人"的例子，而且还专门拿祭司和利未人做对比。（《新约·路加福音》第 10 章 29-37 节）撒玛利亚人为什么是最近的邻人？不是因为素有人情往来，也不是因为身份地位，纯粹只是因为表现出了怜悯。这就是"以爱为标准的亲疏远近"的一个最好的例子。
② Thomas Aquinas. On Charity [M]. Milwaukee: Mqrquette University Press, 1960: 76.
③ 参见桑靖宇. 阿奎那圣爱思想简论 [J]. 华中科技大学学报（社会科学版），2009（6）.

提出发的。儒家由己及人的"爱有差等",是一系列从个人出发的,像水波一样扩散的同心圆;而阿奎那在这里提到的爱的亲疏远近(比如爱自己高于爱他人,爱近人又高于爱远人),则是一个由上及下,从纯形式的上帝到纯物质的身体这样一个"存在的链条"。也就是说,它不是心(诚意正心)—身(修身)—家(齐家)—国(治国)—天下(平天下)这样一个由个人内心逐渐扩散开去的同心圆结构,而是由上(精神/形式)而下(物质/身体)的层级结构。

而且,这个链条的内在逻辑,也不是由内到外推演的肯定性进路,而是由充实到虚无的否定性进路。不是"先做好自己份内的事,有余力之后再推己及人"的世俗之路,而是"先爱至高本原,再爱由这个本原而生的其他事物"的信仰之路。而后一个进路最有意思的地方,是按照这个方式,这种从上帝到自己,从精神到身体的"向下走"的过程,同时也会反过来激发对于创造之源头的爱。也就是说,以爱完美至福的上帝为前提,再去爱不那么完美的自己和他人,这个过程时时刻刻都在提醒你,自我、他人、以及这个物质的世界是多么地不完美。可是,为什么不完美的东西又是值得爱的呢?这就又要追溯到造物的源头了。

这样一个辩证的思路,最直接地说,就是在爱中感到不值得爱,在不值得爱中感到更深切的爱,也就是以"爱创造者"为前提而去"爱创造物",在爱创造物的中感觉到创造物不可爱的地方;但是这些不可爱的地方,又反过来让人更多地感觉到对于创造者的爱。这样说来，人的道德善性，本身就是存在矛盾或者说张力的，而这恰恰是基督教的修身观念与儒家最根本的区别。

对于善性的这种张力，阿奎那的基本态度是，神恩本质上是对自然的完善。但是作为上帝与自然的居间者，人类必须要认识到，这个"完善"带有对于现实的否定性意义。也即是说，道德善性的根基，并不是与儒家所理解的那样，与自然一样是独立自存的。①

阿奎那把人的善性分成两种，既有普遍意义的至善，也有特殊意义的次级的善。前者是与上帝的联合，是由于分享了圣爱而成为善的。后者则又可以二分，一个指向最高的善因，因而是真正善的，一个则是背离了至善，因而是表面的和不真实的，只具有相对性的价值。然而问题是，"普遍"虽然代表"至善"，但是"特殊"却并不一定代表恶。毕竟，恶虽然是善的缺乏，却并不代表善的缺乏就一定是恶。关键要看，处于缺乏状态的相对之善，是否"指向"至善，也就是唯一真正的德性之源。

这样说来，人世间所有事情的道德意义，都不是独立自存的，因为它们同样亏欠上帝的荣耀。既可能因为背离至善而被称为恶，也可能因为倾向至善而被称为善。而这个背离与趋向的区别，其实就是是否具有正确的信仰。这也是从另外一个方面，重申了"因信"而非"因行为"称义的教理。

---

① 所谓"浩然之气"，是因为秉承天地间的正气，而自然地成为人的道德心。所谓"为天地立心"，是天地自有一心，然后由主体来意识和发掘。进路是不同的，但是预设是相同的。

<<< 第三章 儒耶人格养成论的中古转型期

以上这些神学思辨，不是空洞的理论分析，而是真正涉及基督徒的灵修方式的现实问题。比如说，13 世纪的巴黎大学，曾经对 12 世纪末兴起的托钵僧团（主要是方济各会和多明我会）的苦修方式进行过辩论。因为托钵僧团的修行方式与早期基督教的修道传统存在差异，他们既不像安东尼（St. Anthony）那样以个体身份在沙漠旷野避世苦行，也不像本尼迪克特（Benedict of Nursia）那样自成一体地建设独立的修道团体。而是混迹在人烟稠密的市集，以沿街乞讨的方式生活。而这种在当时看来离经叛道的灵修方式，当然会受到诸多的质疑。不过在阿奎那看来，修道精神的真正意义，不是与世隔绝自成一体，也不在于耸人听闻的禁欲和受苦的攀比，而在于灵性的成长。这就意味着，外在的清贫与自苦并不是灵修的要义。在源自上帝的爱的诫命中，实现自我作为受造者的完善，才是基督徒应有的操守。

阿奎那经常使用的一个比喻，能够很好地说明基督教灵修与儒家修身的根本区别。他说："我们不能说热分有了热，而只能说热推动了热的产生。"[①] 前一个是柏拉图理念论"分有说"的思路，也是孔子"天生德于予"、孟子"万物皆备于我"、曾子"君子正一而万物皆成"的思路。然而在基督教的灵修传统中，正如阿奎那正确指出的那样，严格来说，德性并不是被"给予"的（否则就意味着上帝只给予了残缺的有限德性），也不是我们

[①] Thomas Aquinas. Basic Writings of Saint Thomas Aquinas Vol. One-Ⅱ [M]. Anton C. Pegis, Edited. New York: Random House, 1945: 685。

"分有"的,① 而是由于上帝的完满性所"流溢"(按照普罗提诺的说法)出的恩典,在不同的人那里得到不同程度的领受。一方面,每个人的德性都是由于"热力所及",这是神意照管之普遍性的体现;另一方面,每个人作为"受热者",都不可能具备"热源"的原始温度,因而在接受中感到亏欠,又在亏欠中感到倾慕。

具体来说,一方面,灵性的成长,就是"人类德性"(human virtues)对"典范德性"(exemplar virtues)的倾慕、向往和复归的过程。阿奎那继承了亚里士多德对于"理智德性/知德"(virtue of thought)和"道德德性/行德"(virtue of character)的区分,认为人有理智和欲望这两种行为原则,但是这两个原则之所以具有道德的意义,不是因为它们本身的缘故,而是因为它们指向了更高的"典范德性",也就是审慎、节制、刚毅和正义。② 归根到底,阿奎那所说的德性,并不是一种本性具足的实然状态

---

① 虽然阿奎那明确使用过"受造智慧是对非受造智慧的一种分有""所有存在物都是藉分有而成为存在物的"这样的说法(《神学大全》,问题41、44),但是严格来说,智慧可以分有,存在可以分有,但是像"爱德"这样兼具缺乏和拥有属性的德性,是不能只用"分有"来描述的,否则就意味着人在本质上和神是一样的,至少意味着不同的人在程度上并没有不同。比如,在"每个人的灵魂都是世界灵魂的一点火花"这个斯多葛式的比喻里,是看不出灵魂之间的程度与性质差别的,也不能解释为什么有些灵魂渴望更高的美德,这也是"火"与"热"这两个喻体根本性的区别。

② 在这里,阿奎那借鉴了古希腊哲学的分类,而且还借鉴了苏格拉底"智慧只属于神""唯一的知识是自知无知"的思路,认为"真正意义上的道德只属于神"。而"人类德性"的意义,只是在于认识到自己的不足,以信望爱的心态期待恩典而已。

<<< 第三章 儒耶人格养成论的中古转型期

（因为这就意味着骄傲和背离神），而是一种处于不断趋向上帝的过程之中的，动态的意向性。

另一方面，这种"形成中"的动态，又和亚里士多德所说的"中庸之道"（mesotes）不尽相同。① 在《神学大全》第 61 个问题的第 5 条中，阿奎那基于一种动态的原则，讨论了"人类德性"趋向"典范德性"的途径与方式。在第一阶段，人的"政治德性"（political virtues）一路提升至"完满中的德性"（perfecting virtues），此时人会有一种自发的超越自身的诉求，并且最终发现，需要效法并且趋向于超出自我本性的更高的善。而在第二个阶段，人类通过神学（包括启示与思辨），获得了超出自然德性之上的知识，这时候就不只是"趋向"（perfecting）美德，而是已经获得了完美的德性知识。这个以神学形式表现出的"完满德性"（perfect virtues），是人类可以得救，进入真正完美的至福世界的预兆。在这里，有限的人类道德理智，正是因为认识到了自身的有限性，从而以信、望、爱的方式超越了自身自然理性的局限，表现出人性神圣超凡的一面。

通过以上这种辩证的思路，阿奎那就在奥古斯丁提出的人性根本败坏和神的绝对恩典的基础上，重建了对人类理性的信心。可以说，这个思路在理论上仍然是"神恩独作论"的，但是在操作上又兼具"人神合作论"的合理性，避免了神恩独作论的诸多

---

① 有人把阿奎那的这种德性论说成是"中道德性"，这个说法是容易引起误解的。因为这里的"中"，是"向着至善的形成过程之中"，而不是"两个极端之间的中庸之道"。如果一定要这么用，也需要加以说明。

131

困境，使得基督徒的灵修过程，除了使徒和教父时代的忏悔认信，殉道苦修之外，还能形成一个系统性的、包容丰富学养基础（包括异教哲学的合理部分）和进阶层次的阶梯，这就是阿奎那高明的地方了。

  总之，与以朱熹为代表的宋明理学一样，以阿奎那为代表的中世纪经院哲学，根本的任务，都是对原始经典进行系统性的阐发和重建，形成一个宇宙论和人性论无所不包的完整体系。《神学大全》和《驳异教大全》给人的整体感觉，是一位教师在学生已经接受了基本的认信之后，详细解释这个信仰体系为何如此，以及在具体问题上如何自圆其说。而不是像使徒与教父时代那样，把主要精力集中在"为什么要认信""什么是正统的信仰"等更具个人灵命意味的主题上。这也就是为什么我们在阿奎那身上，看不到《忏悔录》里那个急急拷问自己灵魂，不知如何逃避永恒沉沦的焦虑的质疑者形象。现代人读起来，难免会觉得理论有余而性灵不足。但这并不是阿奎那的错，正如理学后来被指摘为僵化保守，偏离了儒家心性之学的正途，也不是因为朱熹本人的偏执，而是因为他正好肩负着这样的历史任务。

  意识到这一点，我们就能更好地理解阿奎那与朱熹的同与异。首先，在最高的本体论的构建上，阿奎那和朱熹同样都对最高本体保持存而不论的敬意。① 朱熹把无人格的"理"当成最高也是最初的本体，是不生不灭的形而上学意义上的存在。而"理"以"气"的方式流变出的万物，不只包括自然物、动物，也包括人伦，所以"理"自然就具有沟通世间万物、社会人伦，直至个人心性最隐秘处的功能。

而阿奎那的上帝作为人格性的存在，与世界的关系是通过创造，而并不是像"理"那样是通过"分殊"来实现的。由于万物的本性是出自上帝的自由意志，所以上帝虽然创造了可知的事物，但他自身的本性仍然是神秘的。不过与此同时（区别于后世的自然神论），万物的存在又有赖于上帝的继续支撑，所以上帝也是全在的。从这个意义上说，人的秉性和人类社会的法则，也都有神的内在参与，这又是与朱熹类似的——"理"不但是万物的产生源泉和本性所在，也是社会伦理道德的内在依据。

不过，正如前面提到的，在基督教的语境里，不能像朱熹所谓的"理一分殊""月印万川"那样，直接说人类"分有"了上帝的德性。因为阿奎那在这里采取的是亚里士多德的"形式—质料"的区分，万物都依据其形式的纯粹程度，排列在不同的等级序列之中。只有上帝是完美的形式，每一个存在者就其具有质料

---

① 阿奎那虽然对上帝的存在做出过"五路证明"，不过严格来说，这些证明只不过是出于跟异教徒辩论的需要罢了。上帝的存在，在信仰体系内部是一个不证自明的真理。假设没有异教徒的挑战，想必阿奎那也会把上帝的存在当成直接的预设。正如朱熹反复说"莫不有理"，却从未证明"理"为什么存在一样。用现代哲学的语言来说，当你在探讨"理是否存在"的时候，其实就已经用自己的言说行为，来证明"理"的存在了，这就是所谓"不证自明"的意义所在。

而言，都是不完美的。

　　反观朱熹的理学，"太极—理—气"虽然也有与"上帝—逻各斯/形式—质料"相似的逻辑关系，但是由于太极并不具有人格性（自由意志）的意味，所以它不过是"理的总体"而已。而且"气"与"理"的关系虽然可以比附于质料和形式，但是，并不是先有理再创造出气（而上帝却是在世界之先就已经存在了），而是理气永远不能分离，理蕴含于气并且表现为气。而且进一步说，"气"与"理"有形下（动）和形上（静）的区别，但是并不像质料那样，与纯形式的上帝相比，具有"欠缺完美性"的意义。这也正是为什么，明明古希腊哲学也有兼具精神与物质性的"气"的概念，但是在基督教神学里却几乎从不提起。原因无他，只不过是已有"形式—质料"这个区别，再把兼具二者的"气"拿出来，体系里没办法自洽罢了。

　　可是，为什么宋代儒学却不存在这个问题？因为儒家一是没有专门区分"形式"与"质料"，二是（这更关键）从来没有过"纯形式具有生成/化育/创造的能动性"这一层的思想。① 朱熹直接说："气则能凝结造作，理却无情意，无计度，无造作。"② 也就

---

① 周敦颐讲过"自无极而太极"，朱熹专门把这个"自"字去掉，再跟一句"太极本无极"，以表明无中生有，有无相生之妙道。但是，正如陆九渊跟朱熹论辩太极无极问题时指出的——这些都是老子的说法，并不是儒家的本色。不言无极，照样可以谈太极，因为太极本身就是实有之理，是化育万物的根源。而且，与朱熹把"极"理解成"至极"不同，陆九渊认为，极无非就是"中正"的意思，所以（以儒家视角来看）并不存在"无极"。对此笔者认为，陆九渊的说法更符合原始儒家的本义。

② 《朱子语类·理气上》，第13节。

是说,"理"的创造性必须要通过"气"来实现,这与上帝能够无中生有地进行创造,能够不动地推动万物的属性是不一样的。

在一种不是太严格的比附意义上,可以说基督教的上帝,内在蕴涵了儒学所谓理、气、性、情等概念。而在一种更为严格的意义上讲,宋儒的人格修养论,是把天地之理等同于人伦的善性,所以在理之外还要分出气、质、性、情这些概念。而经院哲学则是将存在本身当成了善性——存在即善,恶只是善的缺乏,所以只需要在上帝(因为他是存在的同义词)这个概念内部做工夫就足够了。人作为受造物,其修身宗旨不是去寻找天地中的"理",以成就心中原本已经存在着的善性;而是体会自身的不完善性也就是"潜能",意识到自己应该成为,却尚未成为什么样的存在。①

---

① 后世的天主教新自然法学派,又将人性中的基本善分为"实在性的善"(substantive goods)和"存在性的善"(existential goods)。前者不涉及人类的选择,是客观的;后者则是在选择行为中才成立的。实在性的善包括:"生命和身体的福祉""真理的知识以及对美的欣赏""工作和娱乐"。存在性的善包括:"自我整合""实践理智或真实性""友谊和正义""信仰或圣洁"。很明显,阿奎那说的那种需要自我实现出来,才能够成立的善,就是所谓"存在性的善"。参见林华庆. 简论当代天主教新自然法学派的基本人类善理论[J]. 宗教学研究, 2012(4).

第四章

儒耶人格养成论的近代转型期

宋明儒学，已经呈现出非常鲜明的近代精神。陈来在他的《宋明理学》里，把宋代称为"近古"，明代称为"近世"，总之都是与中世纪（中古）迥然有异。的确，这个时期的儒学，整体上是处在一个"近代化"的过程之中。不过笔者仍然认为，从周敦颐到朱熹这个阶段，还是具有强烈中古色彩的，与中世纪经院哲学从安瑟伦到阿奎那的思路，存在着很强的可比性。而真正呈现出近代精神特色的，在儒家是王阳明，在基督教是马丁·路德。

这两位思想家，在16世纪初相隔不到十年的时间里，各自完成了一次具有相似意义的思想范式转型，也就是将终极实在内化于心，使人的信仰与良知获得超越一切传统权威的至高地位。由此，基督教思想从中世纪走向了近代，天主教的绝对正统让位于新教多元思想的并存；儒学也强化了强调自由心性的近代因素，程朱理学的主流地位最终让位于阳明心学。

进一步说，在王阳明与路德之后的这个近代转型期里，儒家与基督教在16世纪末也第一次发生了教理上的对话。虽然最初的对话者，在基督教方面是天主教的耶稣会，但是这个在所谓"反宗教改革"运动中产生的组织，与新教一样也是天主教近代化产物。在此之前，唐朝的景教和元朝的也里可温教，对中国文化的影响几乎可以忽略不计。根本原因在于，基督教的传播在这一时期并不注重阐明自身教理的独特性，很容易被混同于佛教和道教的学说。但是像是反偶像崇拜，耶稣的道成肉身这些具有挑战性的理论，又很容易引起争议。既要融入异质文化，又要保持自身的独特性，这是一个悖论。

这个问题，直到沙勿略、利玛窦、罗明坚等明末耶稣会传教士来华，才得到理论上的解决。他们采取的是"辟佛而补儒"的路线。也就是主动作为儒家的补充，把自己的任务定位为，以超验的宗教维度补足中国哲学的不足。历史地来看，当时宋明理学发展到阳明新学这个阶段，心性论的意义日益显明，社会政治和信仰的色彩越来越淡化，特别是阳明后学的"狂儒"做派，更是走入了极端。而这一点，恰恰给耶稣会士的"补儒"之说提供了空间。

一方面，由于宋明儒学自有其完整的形而上学体系和独特的理论进路，想要纳入基督教的体系（也就是"融儒"）很困难；另一方面，由于儒家本身放弃了自己在宗教维度上的建设，所以此时来华的天主教传教士，正可以采取和王阳明、路德当年一样的"返本开新"之举，也就是回到先秦儒家原典，[①] 以自己的方

---

① 利玛窦在《天主实义》中援引儒家典籍中的"上帝"概念，可称最典型案例。

式去彰显儒家所谓"原本应有"的宗教性，在这一点上实现与基督教的相通。而这样打着"重新发现"的旗号，实质上是对儒家学说的一种改造。所以在这个阶段，走学术路线和上层路线的耶稣会士，开创了儒耶对话的历史上最深入，也最有成效的一个时期。

基督教一直都有护教学（Apologetics）传统，儒家最接近这一传统的，是孟子对孔子的辩护，以及面对佛教入华时儒家的反应，但是终究没有这样一门系统的学说。而"护教学"的特别之处，是针对偏见和迫害，以辩论说理的方式，综合运用各个门类的学问，为正统信仰辩护，而且这种辩护和宣教是一体的。像这样的护教辩护是无所不包的，既有哲学上的思辨，也有基于信心的见证，更是可以包括任何世俗学问的研讨。所以现在看来，明末耶稣会士来华之时，是全面利用西方当时的学术成果，来维护基督教教理的。不但为基督教的核心概念在儒家经典中找到了所谓的对应物，同时也对儒学的很多至关重要的概念，比如天、命、性、理等进行了基督教式的阐发。

第一节　王阳明的修养功夫论对"养气"说的改造与重建

前文提到，从张载到朱熹的宋代儒学之重建的意义，既是对汉儒的谶纬神学倾向的纠偏，也是对隋唐时代佛老之学挑战的回应。就前者而言，是从神秘主义到现实主义，所谓"极高明而道中庸""不离乎日用之间"即是此义；就后者而言，则是要把虚无的解脱之道，转为刚健有为的实在论，为人道建立一个实存且至善的天理依据。而这两者的共同之处，都是回到先秦儒学"兹文在兹"的道德主体性意识。

朱熹的心性论是以理气论为前提的，理气不二，性理不二。朱子学是一个综合了形而上学、宇宙论、心性论的完整体系，而能动的"气"，既是理的表现，又是性的承载，同时还兼具心与物的属性。正是有"气"这个中介，不能割裂地说朱熹只讲天理而不谈心性，所以说，他也是这个伟大传统中的重要组成部分。不理解这一点，难免会像牟宗三那样，对朱熹之性"只存在不活动"大加指摘，甚至以此为由认为朱熹背离了儒家的根本传统。[1]

但是我们仍然可以公允地说，前面提到的这样一种道德主体性的建立，在朱熹这里还是不完备的，也就是说，仍然具有二元论的特征。本来，如果只是讲"气"这个概念，宋儒还可以说是一元论的。因为"理"并不是基督教意义上的人格神，而只是一个纯形式（也就是所谓"哲学家的上帝"），所以由"理"到万物，必须经过"气化论"的中介。而"理"既然是至善，那么"气"也应该是一性的。这也正是为什么孟子讲"浩然之气"时，

---

[1] 董学美，温海明. 牟宗三批判朱熹心性关系得失之检讨 [J]. 上海师范大学学报（哲学社会科学版），2018（3）.

认为它"至大至刚""配义与道",是完全没有阴暗面的。用基督教的讲法则是"神看着一切所造的甚好"。(《旧约·创世纪》,第1章31节)

然而问题在于,儒家并没有"自由意志导致的堕落"这个概念,也没有从巴门尼德到新柏拉图主义有关"不存在者不存在"和"恶是善的缺乏"的哲学思辨传统。所以在解释恶的来源时,理论资源是不足够的。这就导致虽然儒家的正统是性善一元论的,但是具体解释起来,难免会显现出二元论的色彩。比如朱熹虽然认为理是至善无恶的,但是延伸地讲下去,就会出现含糊。比如他说:"性即理也。当然之理,无有不善者。故孟子之言性,指性之本而言。然必有所依而立,故气质之禀不能无浅深厚薄之别。"①又说:"人之性皆善,然而有生下来便善底,有生下来便恶底,此是气禀不同。"②那么,既然善恶之别,既不是因为"理"也不是因为"气",而只是因为气对于理的"禀"。而这个"禀"又表现为"深浅厚薄"的量的差异而非性质之别。一个呼之欲出的结论就是:"禀"的程度不足到一定程度即是恶,也即是"恶只是善的缺乏"的另一种表现形式而已。气之性质的这种模糊性,劳思光称为善恶的"未定项",陈来则直接就说这是"理善而气恶"的二元论。③

然而,中国儒学的发展,并没有按照奥古斯丁否定恶的实体

---

① 《朱子语类·性理一》,第49节。
② 《朱子语类·性理一》,第59节。
③ 陈来. 朱子哲学研究 [M]. 上海:华东师范大学出版社,2000:208.

性这个逻辑进路走下去，而是以陆王心学的方式，重新接续上了先秦时期的心性一元论传统。首先是陆九渊，在孟子之后重新提出宇宙之理与道德之理的统一。理不在事外而在本心，也就是孟子所说的"良知良能"。他说："宇宙即是吾心，吾心即是宇宙。"（《陆象山集·杂说》）又说："人心有病，须是剥落。剥落得一番，即一番清明。后随起来，又剥落又清明，须是得净尽方是。"（《陆象山集·语录》）这些表述，几乎是在复述孟子的思想。

当然，对于心性一元论的接续，是在王阳明这里才更加显明的。在王阳明所处的时代，天下"是朱非陆"论定已久，心学的理论开端并没有得到普遍接受。毕竟，程朱理学已经是一个异常完备的理论体系。要克服其中存在着的二元论倾向之弊，接续孟子开创的性善一元论传统，就必须在这个自洽的体系中找到不够圆融之处。而这一次的突破口，仍然是"气"这个概念。

前面提到，朱熹哲学是性理不二，理气不二的。但是性与气，却并不是统一的，这就留下了一个逻辑漏洞。大体上，朱熹对性气关系的理解，有点像阿奎那对名（共相）实（具体事物）关系的说法。后者认为，共相既是"先于"具体事物（在具体事物被创造出来之前就已经存在于上帝的心智之中），又是"后于"（在具体事物存在之后才能被人类理智所认识，并且在其消失之后仍然可以存在于理智之中），同时也是"寓于"（在我们用以共相指称某个具体事物的时候）具体事物之中的。这是围绕亚里士多德"第一实体"（个别事物）的一系列争论，在中世纪神哲学里的一种温和实在论式的结论。与之相似，朱熹认为，"性"逻辑上在"气"之先，即"未有此气，已有此性"；同时也可以在气之后存在，即"气有不存，而性却常在"；而即使性气同时出现的时候，性在气中也只是"寓于"而并非"相等"的关系，即"虽其方在气中，然气自是气，性自是性，亦不相夹杂"①。

与之相反，王阳明直接以"生之谓性"，而"生"字即是"气"字，论断说"气即是性"。只不过（按程子的说法）"人生而静，以上不容说，才说气即是性，即已落在一边，不是性之本原"罢了。王阳明进一步说，孟子说的性善，指的是人性的根本之善，但是不能把这个根本之善悬置起来，只承认形而上学意义上的善，却在实践上（涉及气的时候）把人性当成善恶两端的存在。也就是说，"善之端须在气上始见得，若无气亦无可见矣。恻隐羞恶辞让是非即是气……若如得自性明白时，气即是性，性即是气，原无性气之可分也。"②

由此可见，王阳明把之前程朱理学的善恶二元论倾向（也就是气性二分），看成"自性不明白"的结果。而解决这个积弊的方法，当然也就是"自性明白"的心性觉悟。

而选择这样一个进路，不只是因为王阳明继承了陆九渊并且青出于蓝，更是因为王阳明个人与历史上的孔子、孟子、保罗、奥古斯丁，以及他同时代的马丁·路德一样，都经历过极具个人

---

① 《朱子语类·性理一》，第46节。
② 《传习录（中）·启问道通书》。王阳明. 王阳明全集［M］. 上海：上海古籍出版社，1992：56.

特色的内心突围,有着极强的历史使命感和主体自觉性。当我们说路德使得"平信徒皆可为祭司"的时候,应该意识到这不只是在讲新教的贡献,而是在讲所有彰显精神主体自觉性的思想家的共同任务。

王阳明的理论突破,是以正德三年(1508年)的"龙场悟道"这样一种戏剧性的方式被人铭记的。当时被贬为贵州龙场驿臣的王阳明的这段经历,在其嫡传弟子钱德洪的描述中是这样的:

> 自计得失荣辱皆能超脱,惟生死一念尚觉未化,乃为石墩自誓曰:"吾惟俟命而已!"日夜端居澄默,以求静一;久之,胸中洒洒。……因念:"圣人处此,更有何道?"忽中夜大悟格物致知之旨,寤寐中若有人语之者,不觉呼跃,从者皆惊。始知圣人之道,吾性自足,向之求理于事物者误也。乃以默记《五经》之言证之,莫不吻合,因著《五经忆说》。①

而王阳明自己在《传习录》中的说法是这样:

> ……其后谪官龙场,居夷处困,动心忍性之余,恍若有

---

① 《年谱一》正德三年戊辰(1508)条。王阳明. 王阳明全集[M]. 上海:上海古籍出版社,1992:1228.

悟，体验探求，再更寒暑，证诸《五经》、《四子》，沛然若决江河而放诸海也。然后叹圣人之道坦如大路，而世之儒者妄开窦径、蹈荆棘、堕坑堑、究其为说，反出二氏之下。①

不管具体细节是否有出入，这次龙场悟道都意味着一个极其重大的转变，即王阳明在儒学思想上与作为明代正统的朱子理学决裂，继而以其所创立的阳明新学，为儒学的复兴开创了一个新的思想维度。

"龙场悟道"的情景之所以重要，是因为就本书的主题而言，这是一个人格修养过程中的顿悟时刻，意味着打通理论与心性，使道德知识（应然）成为内心本能（实然），而这正是人格养成论的根本目的。事实上，如果没有这样的个体化的顿悟时刻，任何先贤教诲都只是皮外工夫，成为不了人的道德本能。而王阳明在这个时刻想到"圣人处此，更有何道"八字，正是开启"圣人之道，吾性自足，向之求理于事物者误也"这个顿悟，并且使得接下来"证诸《五经》、《四子》，沛然若决江河而放诸海也"的关键。

而这八个字之所以如此要紧，是因为它提出了一个全新的思路。传统的问法是："按照圣人的教导，我应该怎么做？"而王阳明的问法则是："如果圣人处在我这个境地，他会怎么做？"这样一来，圣人之教就不再是与我相隔为二的东西，而是与自我之当

---

① 王阳明. 王阳明全集[M]. 上海：上海古籍出版社，1992：127.

下的存在实现了融合。想要"读书做圣人"（这是王阳明的儿时志向），就要以圣人的方式去看待自己的生活。所以，修身之道并不是从零开始，格物致知然后正心诚意，而是先预设一个万物皆备于我，圣人亦与我一体的前提，再反身而诚。

正因为如此，表面上看，王阳明是对"知言养气"这个进路不以为然的。因为"知言"即是知人，但是知人并没有知己重要。"养气"即是养天地间的浩然之气，但是天地间的浩然之气并不在于心外，而只在于心中。所以明确地说："孟子集义养气之说，固大有功于后学，然亦是因病立方。"即，孟子的话虽不错，却是针对告子才会讲这些话，而一旦脱离这个语境，就没必要讲"集义养气"，而只需要讲"格致诚正"即可。①

进一步说，这个"格致诚正"，又和朱熹讲的不一样，不是向外求，而是由内省达至的觉悟。而这个内省的对象，就是"良知"。知是心的本体，所以良知就是去蔽之后的心的本来面貌，也即是孟子所谓"牛山之木尝美矣"的那个状态。用王阳明自己的话说："缘天地之间，原只有此性，只有此理，只有此良知，只有此一件事耳。故凡就古人论学处说工夫，更不必搀和兼搭而说，自然无不吻合贯通者。"所以王阳明自己在讲学的时候，只讲"必有事焉"，不讲"勿助勿忘"的工夫，"夫必有事焉，只是集义。集义只是致良知。……随时就事上致其良知，便是格物；

---

① 《传习录（中）·答聂文蔚》，王阳明. 王阳明全集［M］. 上海：上海古籍出版社，1992：76-77.

著实去致良知，便是诚意；著实致其良知而无一毫意必固我，便是正心；……故说格致诚正，则不必更说个忘助。"①

从以上这段话可以看出，王阳明的修身进路，是以"致良知"为核心的，所谓"集义""格物""诚意""正心""勿助""勿忘"等传统上儒学修身论的重要议题，都被当成是"致良知"的自然结果。但是进一步说，"致良知"是自性显明的过程，而它之所以在修身中有这样的地位，前提是性、心与气的一体。这个问题，其实庄子在谈"心斋"的时候就已经提出过，而且是假借孔子之口说："若一志，无听之以耳而听之以心；无听之以心而听之以气。听止于耳，心止于符。气也者，虚而待物者也。唯道集虚。虚者，心斋也。"（《庄子·人间世》）在这里，志、心、气是被看成一体的。而孟子所谓"夫志，气之帅也；气，体之充也……志壹则动气，气壹则动志也。今夫蹶者趋者，是气也，而反动其心"。则更是把志与气，心与体统一起来。比如，从王阳明对"良知"的描述里，可能很明显看出孟子"浩然之气"的相似之处：

良知是造化的精灵。这些精灵，生天生地，成鬼成帝，皆从此出，真是与物无对。人若复得他完完全全，无少亏欠，自不觉手舞足蹈，不知天地间更有何乐可代。……良知

---

① 《传习录（中）·答聂文蔚》，王阳明. 王阳明全集 [M]. 上海：上海古籍出版社, 1992: 76–77.

<<< 第四章 儒耶人格养成论的近代转型期

在夜气发的，方是本体，以其无物欲之杂也。学者要使事物纷扰之时，常如夜气一般，就是通乎昼夜之道而知。①

需要特别指出的是，"良知"并不是"好的知"，"良知"就是"知"本身、本体、本来状态。王阳明认为，"人心与天地一体，故上下与天地同流"，天命就是性，率性就是道，修道就是教。而修道之所以是教，是因为"道即是良知"。② 也就是说，命、性、道这些形而上的存在，统一表现为个人可感可悟的"良知"，所以良知也就成了真正的教化之师。这也就顺便解决了荀子对性善论一直以来的质疑：如果性善是根本性的，那么为什么要有后天的外在教化？以王阳明在这里所体现的思路，对荀子的回答应该是：根本上来说，教化其实并不是后天的和外在的，因为在现实的师生关系之上，还有一个良知做我们每一个人的根本之师。至于这个根本之师何以成立，则又要追溯到这个"天命—性—道"的一体性上来。

以这种统一性为前提，宋明儒学对于"养气"传统的接续，并不是直接谈养气，而是把"养气"具体化为"静坐"的工夫，这显然是受到了佛老的影响，但同时也超越了佛老。因为佛老所

---

① 《传习录（下）》，第98—99页。
② 原文是："先生曰：'天命之谓性'，命即是性。'率性之谓道'，性即是道。'修道之谓教'，道即是教。问：'如何道即是教？'曰：'道即是良知。良知原是完完全全，是的还他是，非的还他非，是非只依著他，更无有不是处。这良知还是你的明师。'"（《传习录（下）》，第99页）

147

谓的"空"与"虚",仍然有个人意志的色彩在,前者是为了养生,后者是为了解脱。而儒家所说的"良知",并没有任何个人的私欲,是与太极和天地同等的本体(三者分别是就形而上学意义、宇宙论意义、人格意义而言的,但其实是同一个东西),所以倒是比佛老之学更加真实意义上的"空"与"虚"。只是此时的空虚,没有了避世超脱之义,倒是具有了刚健有为的入世色彩。①

如果只就"养气"这个概念而言,以上这些发挥,当然是对孟子"知言养气"的一种窄化。② 因为孟子的"养气",既包括"知言",也就是待人接物觉明世事,也包括反身而诚,万物皆备于我的天人合一的体悟,而不只是静坐无欲而已。不过,如果把"养气"泛化理解为一种天人合一的心性修养工夫论,那这无疑又是对"知言养气"说的一种继承和延展。事实上,正如前面的引文所呈现的那样,王阳明在很多地方谈到"良知"的时候,几乎都可以替换为孟子的"浩然之气"而不失其本义。甚至可以说,"良知"就是内化于心的"浩然之气",而"致良知",则是在"知言"(知人知己)基础上的"善养浩然之气"。

而王阳明之所以不直接用"养气"这个说法,很有可能恰恰

---

① 原文是:"但仙家说虚,从养生上来;佛氏说无,从出离生死苦海上来;却于本体上加却这些子意思在,便不是他虚无的本色了,便于本体有障碍。圣人只是还他良知的本色,更不着些子意在。良知之虚,便是天之太虚;良知之无,便是太虚之无形。"(《传习录(下)》,第100页)

② 《王阳明全集》里只有3处提到"养气",却几乎每篇都会提到"良知"。

是因为佛老之学的挑战，使得"养气"这个与道家"养生""坐忘"的学说，以及佛家禅定修行方法看似有几分重合的概念，可能会引起不必要的争议。考虑到王阳明本人年轻时佛道双修，尤其喜好打坐的个人经历，在形成了独立的思想体系之后，想要有意用"致良知"的概念与这两家学说做切割，也是可以理解的。最能说明这一点的，是王阳明对"静坐"这件事的态度。

由于前面提到的心、性、志、气、理等概念的统一，使得"静坐"本身也可以成为全息性的活动，也就是能够成为一个包含万有，一通百通的突破点，恰恰类似于王阳明在龙场悟道时的体验，也就是先"日夜端居澄默，以求静一"，久之则"胸中洒洒"，然后"忽中夜大悟格物致知之旨，寤寐中若有人语之者，不觉呼跃。"这就是一个典型的通过"静坐"实现彻悟的例子。

不过，也正是由于前面提到的那些因素，王阳明对待"静坐"工夫的态度是比较复杂的，最简单地说：他重视静坐，但是他把静坐当成是"药"，也就是不得已的除弊方法。所谓"日间工夫，觉纷扰则静坐，觉懒看书则且看书，是亦因病而药。"[1]可见，"静坐"是针对"纷扰"而言的对策，而不是本身具有什么了不起的价值。更有甚者，王阳明还直接否定了宋儒对静坐的推崇，比如有人问他："昔有人静坐，其子隔壁读书，不知其勤惰，

---

[1] 《传习录（上）》，第11页。

程子称其甚敬。何如?"王阳明直接否定说:"伊川恐亦是讥他。"① 程颐是不是在嘲讽,后人不得而知,而王阳明觉得"恐是"讥讽,意思是说,单纯以不知有他物的静坐而论,算不得修身的进路。

进一步来说,王阳明认为"静坐"和"读书"一样,如果本身成为重点,则会损害应有的人际交流和沟通,不是修身进学之道。"乃今无朋友相讲之日,还只静坐,或看书,或游衍经行,凡寓目措身,悉取以培养此志,颇觉意思和适。然终不如朋友讲聚,精神流动,生意更多也。离群索居之人,当更有何法以处之?"② 也就是说,虽然"万物皆备于我"或者说"吾性自足"是前提,但这并不意味着内省是唯一的修身和求学进路。因为理无内外,性无内外,所以学亦无内外,讲习讨论也有内在性,反观内省也有外在性。③

这样说来,即使是内心的"意思和适",也比不上"朋友相讲"的"精神流动"对人的贡献更大。否则的话就会"喜静厌动,流入枯槁之病"。④ 可见,王阳明虽然也重视"静",但是

---

① 《传习录(下)》,第86页。笔者进一步猜想,王阳明明知程颐不是个爱开玩笑的人,此处却说程颐可能是在嘲讽,很有可能,他的本意倒是在委婉地嘲讽程颐。这并不是没有先例的,因为王阳明在跟学生讲到论语"仲尼与曾点言志"一章的圣人气象时,就直接拿程颐举例说,遇到曾点这样飘飘然有狂态的学生,"设在伊川,或斥骂起来了"。也就是说,王阳明在遇到气质分歧时,是不怕拿程颐开玩笑的。参见《传习录(下)·已下门人曾录》,第98页。
② 《传习录(中)·启问道通书》,第53页。
③ 《传习录(中)·答欧阳崇一》,第79页。
④ 《传习录(下)·已下门人曾录》,第98页。

第四章 儒耶人格养成论的近代转型期

"静"并不是目的，有利于"精神流动"和"生意更多"才是目的。这是儒家与佛老之学在讲"静坐"时候最根本的不同。前者是从"有"从"实"从"用"地讲"静"，而后者则是从虚无和解脱的角度去讲"静"。

在王阳明这里所体现出的儒家静坐修身之要旨，也就是动静统一于"定"和"正"，不是以"无"为终极目标，而是以天命、天机和人心的运动实现统一为目标。比如以下这两段话，就很好地表现出儒家并不追求无思无虑，而是追求专注（定）于正念，这既是动（就其活跃而言）也是静（就其专注而言）：

> 九川问："近年因厌泛滥之学，每要静坐，求屏息念虑。非惟不能，愈觉扰扰，如何？"先生曰："念如何可息？只是要正。"曰："当自有无念时否？"先生曰："实无无念时。"曰："如此却如何言静？"曰："静未尝不动，动未尝不静。戒谨恐惧即是念，何分动静？"曰："周子何以言定之以中正仁义而主静？"曰："无欲故静，是'静亦定，动亦定'的'定'字，主其本体也。戒惧之念是活泼泼地。此是天机不息处，所谓'维天之命，于穆不已'，一息便是死。非本体之念，即是私念。"①

> 刘君亮要在山中静坐。先生曰："汝若以厌外物之心去求之静，是反养成一个骄惰之气了。汝若不厌外物，复于静

---

① 《传习录（下）·附朱子晚年定论》，第85页。

处涵养，却好。"①

之所以会有这样辩证的理解，要害就在"性无内外"这个说法。儒家从孟子那里传承下来的思路，就是把"浩然之气"既看成天地之气，也看成个人之气质，二者是一回事。而进一步说来，心即性，性即理，理又是贯彻天道与人事始终的，所以天地之性（自然规律）与人伦之性（道德规范），进而与个人之性（良知良能）俱是一体。

不过，虽然这几个终极概念最终是统一的，但是在个人修养进路上，总归有个先后顺序。王阳明认为，执着于任何一个概念都是不对的，而是应该分步骤分阶段来达到全面的理解。首先是静坐，求放心，去除常见的私欲思虑；其次是省察克治，把这些思虑的病根找出来加以扫除；最后就能达到系辞里说的"何思何虑"的境界。"何思何虑"不是无思无虑，而是说所思所虑的只是一个天理，没有别的念头。到了这一步，就可以说找到了天理这个"定"，从此动静皆宜。

教人为学，不可执一偏：初学时心猿意马，拴缚不定，其所思虑多是人欲一边，故且教之静坐、息思虑。久之，俟其心意稍定，只悬空静守如槁木死灰，亦无用，须教他省察

---

① 《传习录（下）·已下门人黄雀曾录》，第98页。

克治。省察克治之功，则无时而可间，如去盗贼，须有个扫除廓清之意。无事时将好色好货好名等私逐一追究，搜寻出来，定要拔去病根；永不复起，方始为快。常如猫之捕鼠，一眼看着，一耳听着，才有一念萌动，即与克去，斩钉截铁，不可姑容与他方便，不可窝藏，不可放他出路，方是真实用功，方能扫除廓清。到得无私可克，自有端拱时在。虽曰何思何虑，非初学时事。初学必须思省察克治，即是思诚，只思一个天理。到得天理纯全，便是何思何虑矣。……定者心之本体，天理也，动静所遇之时也。①

不过，这段话是容易引起误解的。特别是"省察克治"这一步，听起来未免过于严厉，而且不像是基于性善论的道德自觉，倒像是基于性恶论的人心惟危了。所以就有了下面这段对话：

一友问："欲于静坐时将好名、好色、好货等根逐一搜寻，扫除廓清，恐是剜肉做疮否？"先生正色曰：'这是我医人的方子，真是去得人病根。更有大本事人，过了十数年，亦还用得著。你如不用，且放起，不要作坏我的方子。"是友愧谢。少问曰："此量非你事，必吾门稍知意思者为此说以误汝。"在坐者皆悚然。②

---

① 《传习录（上）》，第15页。
② 《传习录（下）·已下门人黄雀曾录》，第102页。

这段话很有名，也很有趣。因为王阳明并没有直接否定"剜肉做疮"这种担心，而是强调了这种做法的必要性，并且认为友人的这种质疑，是会"做坏方子"的。然而与此同时，他也不怪罪这位友人，因为这个说法，本来就跟他本门的教导只存在微妙的区别。

何以出现这种情况？首先，"剜肉做疮"的指责，如果不以接受良知本体论为前提，是无法彻底驳倒的，因为这的确看起来太过严厉，会导致适得其反的效果。其次，王阳明的这个"方子"，建立在对人的根本善性的信心上，正是因为对"致良知"充满自信，才会觉得"省察克治"不会导致极端，不至于把活泼的天性变成槁木死灰。最后，"吾门稍知意思者"之所以会觉得，扫除廓清人性劣根是一件"剜肉做疮"的事，是因为只懂了良知的根本性和本体性，却没有懂得在方法论上，"去蔽"相应地也是同样根本的，更没有理解"致良知"的信心，和"省察克治"的严格，其实是一体之两面。

总之，龙场悟道之前，王阳明之学曾经三变，即"泛滥于词章""遍读考亭遗书"和"出入佛老"，经此三变"而始得其门"。这所谓的"前三变"，都是古今之学，也就是从外在出发的传统范式。王阳明从中寻求到的，主要是可资利用的思想资源，而非内在的心性转化。而在龙场悟道之后，王阳明发现"圣人之道，吾性自足，向之求理于事物者误也"，转而在发挥本心上做足工夫，才会有后来的"教亦三变"，即"知行合一""静坐"与"致良知"的各阶段宗旨。① 这后三变，可谓是天人之学，是王阳明从内在心性出发所提出的新的思想方式，都属于通过个体领悟直接与儒家最高理想（圣人）相沟通的修行之道。

在王阳明之前，宋儒建立了一个贯通天人之际的完整理论体系，但也正因为如此，就人格养成论而言，反而使得先秦儒学的心性论传统没有得到足够的显明。在王阳明那里，哲学的重心从外在的"格物之学"，转变为内在的"心性之学"；从外在的"居敬工夫"，转变为内在的"致良知"。孟子的"尽心知性知天"之学，也被赋予了全新的含义。

正如王阳明所言，孟子的学问之道是"惟在求其放心"，而程子亦言"心要在腔子里"，只读书而"不知有己"，"便是个无知觉不识痛痒之人"。② 而之所以重视"心"的意义，是因为读书修身的总纲领，是要识见并且发挥本性自足的道德自觉性。而这里的修养工夫，并不是外在的理论阐述，而是内在的个人体悟。新儒学的总根，就在这种个体性的人格自觉性里。虽然此后又有刘宗周针对晚明王学发展的弊端，重申理气论的意义，③ 以及王夫之提出的"性日生日成"这样的新角度，但是总体而言，

---

① 关于王阳明的"前三变"和"后三变"，历代学者持说各异，皆有所本，在此不做深究，只取比较普遍的说法。
② 《传习录（下）·与吕子约》，见《王阳明全集》，第122页。
③ 申鹏宇. 论刘蕺山对理气论的重塑［J］. 西南民族大学学报（人文社科版），2015（2）.

155

有明一代对理气和人性一元论的回归，是以重建道德主体性为根本特征的。所以说，王阳明虽然甚少谈及"养气"二字，但是他的修养工夫论，仍然继承并且发扬了孟子这一脉的思想。从很多方面说，"致良知"都是比"养气"更为自觉的人格主体性建构进路。

第二节　路德的称义神学对保罗传统的回归与重建

对于王阳明与路德在儒耶思想史地位上的相似性，早已有人提及。① 不过，对于他们独特的心路历程的可比性，还需要更多的强调。与王阳明的龙场悟道非常相似的是，马丁·路德的精神顿悟，也是以一种戏剧性的方式被载入史册的。思想史上少有如此重要，而又如此依赖特殊个人体验和感悟的转变，这就是所谓的"塔楼经验"（Tower Experience）。

1545 年，在某篇著作的序言里，路德这样描述这个 1515 年前后发生在维滕堡（Wittenburg）奥古斯丁修道院塔楼内的顿悟时刻：

> 此时……我确实以极大的热情，满腹犹疑地去理解《罗

---

① 参见刘光顺. 成圣路径内化的中西差异——以马丁·路德的因信称义与王阳明的致良知为例 [J]. 宗教学研究, 2017（3）.

马书》中的保罗，……然而罗马书第1章第17节中，"因为神的义，正在这福音上显明出来"的一个词挡住了我的去路，因为我痛恨"神的义"这个词，根据所有教会教师的习惯用法，我被教导要从哲学上去理解形式之义或主动之义，正如他们所说，上帝是公正的并且要惩罚不义的罪人。尽管作为一名修士，我无可挑剔，我却怀揣极度不安的良心，觉着自己在上帝面前是个罪人，我不会相信以我的补赎事功他会得着抚慰。是的，我一点也不喜欢并且憎恶惩罚罪人的公义的上帝，……于是我变得狂怒起来，我心困惑，我心愤怒，我急冲冲地捶问保罗，渴望知道他如何理解这段文字。最终，感谢上帝，仁慈的主，我昼夜思索，盯住了与这些词语有关的上下文，即"因为神的义，正在这福音上显明出来；如经上所记：义人必因信得生。"在此我开始懂得，上帝的义是那种义人凭上帝的礼物得生的义，即义人凭信仰得生。……在此我觉得我再生了一次，天国的门开了，我得以踏入乐园。在此，圣经的整个面目向我显示出来，藉此我在记忆里浏览整本圣经。……我以一种强烈的爱情和我最甜蜜的话语赞颂上帝之义，这种情感的炽烈程度不亚于我从前对"神的义"这个词的憎恶。……后来我读了奥古斯丁的《精意与文字》一书，我出乎意料地发现奥古斯丁也以相同的方式解释上帝之义，上帝之义是指上帝称我们为义时披戴在我们身上的义（As the righteousness with which God clothes us

157

when he justices us)。"①

以上这段记述，描写的就是著名的"塔楼经验"。正是以这种心灵深处的个人体验为基础，路德宗乃至整个新教神学的体系才得以建立。也正是从这段心灵独白的感悟出发，马丁·路德掀起了一场意义深远的宗教改革运动。伴随着对福音的全新理解，经院哲学的思辨方法被废弃。而全新的神学范式，带来的是新的宗教方向和新的教会结构，基督教思想史也由此从中世纪进入近代。

路德的精神困境在于，他真实地感受到"称义"这件事情的吊诡性，因为律法和福音似乎在讲述两个故事。作为一个虔诚的信徒，信"神的义"就意味着知人的罪，因为律法本就是为了叫人知罪。且不说没有任何人的行为和动机都是无可指摘的，就算真做到了这一点，自以为义的骄傲，又会变成一项新的罪名。可是与此同时，神的义又是在福音上显明的，而福音就意味着救赎与免罪。

因此，唯一的解释，是"称义"这件事本就不是因为人自身，而是因为神的绝对恩典。路德说"上帝的义是那种义人凭上帝的礼物得生的义"，反过来讲就是说，神的义不是那种借此施行审判的义。当上帝称人为义时，不是因为人有什么义可言，而

---

① Martin Luther. Luther's works. vol34 [M]. Saint Louis and Philadelphia: Concordia Publishing House. 1955.: 336-337.

是因为他把义"披戴"在人身上。所以"称义"并不是有资格被"称为"义，而是由于得到恩典而被"算为"义。也就是说，不是"因人称义"，而是"因神称义"。而这个"被算为义"的标志（严格来说而非原因），就是信仰。

另外不得不提的一个背景是，路德所从属的修道院，所尊崇的是奥古斯丁的思想和被称为"今法"（via moderna）的唯名论思想。[①] 这些都成为他日后阐述"因信称义"观念的重要思想来源。在完成塔楼经验的突破之后，路德欣喜地"在记忆里浏览整本圣经"，再回过头来意识到，奥古斯丁正是自己"因信称义"观点的先驱，只是缺乏系统化的完整表述而已。在进一步用这些思想装备自己之后，路德又重新回到了注释《诗篇》的工作之中。这与王阳明在悟到"圣人之道，吾性自足"之后，所做的第一件事情就是"默记《五经》之言证之"，发现"莫不吻合，因著《五经忆说》"，颇有异曲同工之妙。

从表面上看，路德与王阳明的思想突破，都是在各自的思想传统内部进行的，而且都打着恢复正统的旗号。然而细究其根本，路德的"塔楼经验"，是在他直接面对圣经，寻求圣灵感召

---

① 在路德时代，主流经院神学分为"古法"（via antiqua）和"今法"，前者又分为托马斯·阿奎那和邓斯·司各脱的思想方法；而后者指的是以奥卡姆为代表的唯名论，其特征是以直接的经验与启示来简化旧有经院哲学的繁琐形式。

的过程之中发生的。这首先是文本的而非传统的①，进而又是个体的而非仅凭文本的。他当时虽然尚不敢公开否认"教会教师的习惯用法"，但在其质问《圣经》以及"捶问保罗"的热切努力中，已经事实上完全摆脱了前者的窠臼。"塔楼经验"那一刻所闪现出的，是最为直接的人神沟通，正是这种直接的启示，完全改变了路德对于神学传统的理解方式。

与之类似的是，王阳明的"龙场悟道"，也是他在人生最困苦彷徨的阶段，通过与"圣人"以心指心的直接交流而获得的顿悟。这个时期萦绕在王阳明心头的主要问题，已经不再是其浸淫已久的"居敬"工夫或者格物之道，而是最为直指人心的根本性问题："圣人处此，更有何道？"这个关键问题的提出，是王阳明一生中最为重大的时刻。这短短的八个字，瞬间就将完全个人的生存体验，与传统上更多是作为外在规范存在的圣人之道，直接地联系起来。从"我"与"圣人"的直接关系中体悟真理，这就是所谓"尽去枝叶"的真义。

说回马丁·路德。他在"塔楼经验"中所经历的内心风暴，之所以具有在整个欧洲掀起宗教改革之狂澜的力量，就在于基督宗教的核心概念"信仰"，被赋予了与当时的正统神学路径完全相反的含义。在路德之前，罗马公教会所说的"信仰基督"，主

---

① 对于教会而言，圣经和传统哪个为先，是一个非常重要的问题。从时间上说，当然是先有教会再有圣经，先有共同体的传承，然后才逐渐形成了共同信奉的文本。但是另一方面，圣经是直接出自上帝的默示，传统却难免沾染更多的世俗因素，所以位阶上又似乎是前者更高。

要是指人类按照其自然能力对上帝之要求（以"十诫"为核心）所做出的回应。其中包括对圣徒和圣物的崇拜，通过弥撒与苦修积累善功，甚至是赤裸裸地以金钱来换取赎罪券。而在路德之后，对基督的信仰，被理解为上帝自身在人里面的工作，是上帝以其绝对自由的意志，将恩典白白地赐给已经陷在罪中的人类。

进一步说，在塔楼经验之前，路德提出的"谦卑神学"（Theology of Humility），也曾经把基督带来的恩典当作是一份间接的礼物。此时他所强调的，是在传统的"契约神学"（Theology of Covenant）框架之内接受恩典时的谦卑心态。而在塔楼经验之后，信仰被理解为上帝赐给个人的一份直接的恩典。也就是说，"信仰基督"，本身就意味着"接受恩典"。相应的，救赎之道也从外在的善功转到内在的信仰，从间接的追求变为直接的（而且是"白白的"）领受。

可以毫不夸张地说，马丁·路德在哥白尼提出他的日心说之前，就已经完成了一次神学意义上的"哥白尼革命"。神学的重心，从外在于人的律法和善功，变成了内在于人的信仰。而随着外在的善功被内在的信仰所取代，外在的律法被内在的恩典所取代，外在的神与人的契约，也被内在的人和神的直接沟通所取代。正是在终极实在（上帝）的这个内化过程中，"因信称义""平信徒皆为祭司"和"唯独圣经"这三条新教基本原则，才得以最终确立。

所以我们可以说，到路德这里，前面提到的，从保罗到奥古斯丁的这条"实然/原罪→应然/恩典→必然/对自然罪性的道德自觉"的基督教人格养成进路才算是真正完成了。正如到王阳明这里，儒家这条"实然/自然→应然/人为→必然/对自然善性的道德自觉"的人格养成进路才算是真正显明一样。

但是在这里，我们必须直面一个可能的反对意见，那就是所谓的"保罗新观"思潮（New Perspective on Paul）对路德"（惟独）因信称义"的质疑。这个质疑的根本点是：保罗所强调的，到底是个人意义上的"因信称义"？还是集体意义上的"在基督里"？换句话说，基督徒的得救，到底是建立在个人的"与神和好"的基础上，还是建立在教会意义的"与主联合"上？

很明显，如果后者成立，那么路德神学的核心，也就是信心与行为，恩典与律法的区别，就不再是基督徒称义的关键。或者也可以用一个更符合中国哲学习惯的方式表述为：性灵的顿悟（类似于龙场悟道与塔楼经验这样）只是成圣与称义之路的开始，在教会团契内的日用饮食之间，活出基督徒应有的样子，才是更重要的修为。比如桑德斯（E. P. Sanders）的"恩约守法主义"（Covenantal Nomism），就是把信心当成开端（也就是接受得救的恩典，但是这个恩典并没有完成，因为此时恩典只是一个约定），而把遵守律法当成一个守约的持续的过程。按此说来，则"因信称义"只是"当下的称义"（present justification），靠持续守约的

<<< 第四章 儒耶人格养成论的近代转型期

行为得来的才是"最终的称义"（final justification）。①

"保罗新观"派的批评性意见，如果只是从还原路德的思想背景这个角度来说，还是很有建设性的。比如赖特（N. T. Wright）就认为，路德是因为自己处于和罗马天主教的冲突之中，所以过度强调了保罗对律法主义的批判，而保罗原本的意图，其实并不是反对靠行为称义，而只是为了强调基督徒应有独立的身份认同，不需要接受犹太教通过律法进行的甄别。

这个分析，当然有其合理性。但是如果以此进一步推演，说路德因此误读了保罗的原义，却是有些薄弱的。赖特这个思路最大的问题是，如果以"个体写作的背景和意图"这个角度来分析，路德固然有其背景，保罗岂不是也有其背景？甚至是赖特本人，又何以逃脱这种指责？事实上，不管是路德还是保罗，他们个人的目标是一回事，他们对文化共同体（圣经信仰传统）的贡献是另一回事。前者最多只是我们在理解其思想时一个可能性的线索，而不应该被当成评价其思想意义的根本依据。

这样说来，当我们评价路德思想的价值时，所谓"平信徒皆可为祭司"（无需中介直面上帝）的思想，恰是他在基督教人格养成论方面最大的贡献。因为正是这个思想，排除了属人的世俗因素，②直接回到基督教信仰的原点，也就是人与神的关系上来。因律法或

---

① 参见 James D. G. Dunn. The new perspective on Paul [M]. Tübingen: Mohr Siebeck, 2007.
② 比如与犹太教或者天主教的冲突，或者是像前者提到的保罗新观派那样，以教会的团契和基督徒的社会责任为出发点。

行为称义思想的本质，是注重人与人的关系在现世的表现；而因信称义思想的本质，则是把焦点放在恢复个人与神直接的关系上。

必须再次强调的是，因信称义并不否认人需要主动寻求救恩，并且过一种具有道德典范性的生活。但是其救赎理论的框架是完全不一样的。而之所以各种形式的伯拉纠主义，从奥古斯丁的时代以来就一直层出不穷，在路德之后也不可能完全终止，原因就在于，"因信称义"和"因行为称义"这两个理解框架，表面上具有很强的相似性，而后者又比较符合人类的常识与理性。然而问题的关键，恰恰就是基督教并非是一种建立在常识与理性上的宗教（这一点也正是历史上的儒耶会通遇到的最大问题），在理性与信仰（或者说启示）的关系这个问题上，但凡流露出理性可以独立起作用，人可以凭借自己的力量独立获得救恩的倾向，在路德看来，就可以称为理性的僭越，也就是说，是违背基督教之本真精神的。

因此我们可以说，正是由于"保罗新观"的挑战，反而更可以突显出路德称义神学思想的重要性。因为基督教真正的奥义，是在同时具有牺牲与救赎意义的十字架上，而不是在于普遍的神意照管（universal providence）——这是后世的自然神论（Deism）喜欢用的词——中显现出的理性与荣耀。总之，路德并不是不谈"在基督里"，但是他所理解的与基督联合，指的是上帝纯粹凭借自由意志悦纳罪人并给予恩典，基督纯粹是作为一个礼物做出牺牲，以更新罪人的生命。通过神而非人的行为，人才能"在基督里"。而此后一切行为的道德意义，都只不过是"在基督里"这个前提的表现而已。

这样的一种理解，不仅避免了理论上的困难（比如否定上帝的人格、绝对意志和救恩的意义），更重要的是，它为基督徒提供了一种与其他一切文化形态都迥然不同的人格养成进路。也就是本文最开始所说的，在"实然"与"应然"之间，找到了一条否定性的"原罪-恩典"进路，而非肯定性的"自然—人为"进路。道德，来自对于根本性的不道德的深刻洞察；向善之心，表现为对人性之根本恶的彻底反思性；接受救恩的前提，是充分意识到自己本不配得救恩。像这样辩证的、具有自否定性质的意识结构，是基督教与儒家最大的区别。

不过吊诡的是，这样一种本质性的区别，在路德和王阳明这里，却都同样是通过某种意义上的反理性、反知识、反强调外在行为的方式达到的。路德所反对的，是经院哲学对于理性的信心，也就是凭借理性认识上帝并且做出选择，以自由意志接受救恩并且服从律法。这样并不是在荣耀神，反而是架空了上帝存在的意义，把对造物主的爱引向了对被造物秩序的爱，也使耶稣在十字架上的救赎变得不那么重要。

而王阳明所反对的，则是向外去格出一个普遍的"理"来，却由此使自己与本心本性相隔绝，失去了与圣人具有的先天一致性。因此，得救或者成圣的道路，不是先去明白上帝的律法或者天理的内涵，再去一步步接近圣人境界。而是要做减法，也就是

165

以无需中介就能自明的圣经和良知为依托,通过复归本原的方式来实现人格的完善。

当然,虽然都是减法和复归,但是路德和王阳明的进路,却存在着双重的反对关系。首先,由于路德回归的是上帝的恩典,所以他做减法的对象是禁欲主义的律法传统,反过来也就是说,世俗的正常的感性需求(比如婚姻)反而可以被理直气壮地满足。①

相应的,虽然王阳明没有继续坚持"存天理灭人欲"的极端主义,而是提出了"减得一分人欲,便复得一分天理"的比较温和的"减担法",但是其中的人性解放思想,以百姓日用饮食男女为天性的现代性主张,毕竟是在他的学生王艮等人开创的所谓"王学左派"那里才体现出来的。在王阳明这里,仍然是以那种强调只有警惕私欲遮蔽,才能在一念发动处致良知的传统做派为主。

也就是说,路德对于人性之根本恶(原罪)的强调,开出的反倒是对基本人欲的肯定。② 因为称义完全是属灵的和仰赖恩典的,福音带来的和平与慰藉,所需要的是心上的知罪,并不用特别强调对于私欲的克制。③ 而王阳明对人性之根本善(良知)的

---

① 虽然当时天主教会的纪律废弛,但是至少理论上它还具有更严格的禁欲主义规范。事实上,面对宗教改革的挑战,天主教内部兴起的"反宗教改革运动",也是以重申教规为自我革新之方式的。

② 至少在当时是引人侧目的,也因此受到极多诟病。与之相比,王阳明对儒学的革新,至少在他自己的时代,就完全没有这方面的问题。

③ 当然,严格来说,肉体的欲望也有邪恶的一面,但是基督徒要做的并不是反对肉欲本身,而是接受救恩,让圣灵入驻,自然带来抵制罪的诱惑的能力。而且辩证地来说,肉体受到的诱惑,恰恰可以让人更清醒地意识到罪的根本性,而这一点又可以成为让人接受"(惟独)因信称义"教义的动力。

强调，反而导向对人欲的否定，因为良知极其沾染陷溺于习气，所以无时无刻不要恐惧惕若。理论上说，圣人之学至易至简，易知易从，但是真正做起来的时候，去除人欲遮蔽以复现本心本性，恰恰也是最难实现的。

其次，在对待经典的态度上，路德否定天主教会所谓"圣传统高于圣经"的理论，把圣经放在了至高无上的地位上。他的个体良知与终极实在的相遇，是相遇于对经典的阅读之中的。为此路德还将圣经翻译成了德语，开创了用本民族语言直接阅读圣经的先例，并且完全按照圣经的记载，重新定义了圣礼仪式。从这个角度看，王阳明反而可以说是不那么重视经典的，因为他就算没有否定，至少也弱化了儒家经典的权威性和根本性，接续并且发扬了陆九渊的"六经注我"传统。因为，既然圣人也只是一个良知，我也是一个良知，至少从理论上说，就没有处处本于经典的必要性了。

总之，一方面，强调人性之根本恶的，由此一心依赖恩典与救赎，反而不强调尽除人欲；强调人性之根本善的，反而更加警惕私欲对良知良能的遮蔽。另一方面，与传统决裂得比较彻底的，反而更为高调地回归到经典本身的权威；与传统没有那么彻底决裂的，反而更加弱化经典文本的地位。这些吊诡之处，彰显着儒耶人格养成论之间精微而又根本性的区别，是我们在对比路德与王阳明思想的时候特别必须要注意的。

第五章

余论：儒耶道德自觉性的特殊模式

在前面四章里，我们通过最重要阶段、最典型人物的对比，完成了对于儒耶人格养成论的简要梳理。虽然此后也有持续的演变，但是大致可以说，讲到马丁·路德和王阳明这里，儒家与基督教之思想内核的特色，已经可以得到比较充分的呈现了。

所以，接下来的问题是：以这样的基本思维模式，儒耶人格养成论在它们共同的目标，也就是培养道德自觉性这一点上，存在怎样的异同？而这就会涉及一个常被提起，但是意义却很模糊，并且存在很大争议的区分，即"罪感文化"与"耻感文化"。下面，我们就以这对概念为核心，分析一下儒家与基督教在道德自觉性这个问题上的模式之别。

"罪感文化"与"耻感文化"的区分，是本尼迪克特（Ruth Benedict）在20世纪40年代研究日本文化的特征时提出的。时至今日，这两个概念早已深入人心，但是由此也带来一系列至今仍有争议的问题。比如说，"耻感文化"这个说法，是只对日本文化有效，还是同样也适用于中国文化？如果它适用于中国文化，那么如何解释中国文化对道德自觉的强调？如果它不适用于中国

<<< 第五章 余论：儒耶道德自觉性的特殊模式

文化，那么，同样缺乏至上人格神概念的中国文化，何以能够不像日本文化那样，只把道德压力归结为世俗人际关系？[①]

关于第一个问题，常见的误区是，接受"耻感文化"这个说法，却忽略它只在特定语境下才有效。中国文化里有没有"耻感"的成分？当然有，毕竟《管子》里就有礼义廉耻是"国之四维"的说法，儒家经典文献里也有大量有关"耻"的论述。但是首先，"耻辱感"本来就是一种"元道德"意义上的道德情操，没有"知耻"这个前提，任何其他道德都无法建立，所以，只是说某个文化里存在对"耻"的强调，不管这个强调的份量有多重，都无法说明该文化是"耻感文化"。其次，"耻感文化"这个特定说法的真实含义，是指缺乏任何情况下都有效的绝对道德律令，只在他人眼光监督下才具有道德意识。也就是说，它与中国文化所强调的"内省"和"慎独"正好是相反的。可是在论及中国古代所谓"耻感文化"之特征的时候，我们却看到有人恰恰把"注重内省、慎独，强调反求诸己，通过正己而达到正人"当成了所谓"中国耻感文化"[②]的特征，很明显，这完全不是"耻感文化"的本义。

那么，在"他人的眼光"（相对道德律—耻感）和"上帝的眼光"（绝对道德律—罪感）之间，还存在别的可能吗？有的。这就涉及第二个问题，也就是中国文化对于道德自觉性的强调，

---

① 这正是本尼迪克特所谓"耻感文化"的根本特征。
② 胡凡. 论中国传统耻感文化的形成 [J]. 学习与探索, 1997 (1).

既与西方不同，也与日本不同。① 正是这种差异，使得中国人既不用预设一个超越性的人格神，也不用把道德完全归结为世俗的人际压力。简言之，中国人对道德感的理解，基于自然／自我圆融为一体的"使命感"，而这一点主要体现在儒家思想上。

首先，在"他人—自我"与"上帝—自我"这种关系之外，还存在另一种具有道德强制力的关系，那就是"自然—自我"。② 但这个自我，不是康德所谓"自己立法自己遵守"的绝对理性或者绝对意志，而是以"自然"的眼光反观到的自我。所以，在这种关系基础上建立的道德自觉性，既是绝对的（因为就存在论而言主，自然是高于自我的绝对规定性），也是相对的（因为就认识论而言，自然是被自我认识，乃至由自我所成就的，相对的规定性），具体关系如下图：

	上帝	他人	自然
自我	面对上帝的自我：罪感	面对他人的自我：耻感	面对自然的自我：使命感
道德	存在论与认识论意义上都是绝对的	存在论与认识论意义上都是相对的	存在论意义上是绝对的，认识论意义上是相对的

---

① 参见姜红，俞宁．从道德自律看中西文化"耻罪二分"之误［J］．学术界，2010（7）．这篇文章正确地指出了中国文化对道德自律的强调，不过并没有进一步阐发这种自律为什么具有强制性。
② 道家是任自然而反目的论的，亚里士多德哲学在自然中看到目的，中世纪基督教哲学则把这个目的归于人格神。而道德意义上的自然目的论，却是儒家特有的。

也就是说，以神学的眼光看，人作为被造物亏欠了神的荣耀，在绝对的道德律令面前感受到的是"罪"；以他人的眼光看，人作为社会动物，在违背相对的行为规范时感觉到的是"耻"；以自然的眼光看，人作为有资格参赞天地万物，具有崇高道德义务的存在，感觉到的是"使命"。使命感不是"补赎"（相对于罪的亏欠），也不是"遵循"（相对于耻的压力），而是"成就"。

比如，天行健是君子自强不息的依据，但是君子又可以反过来德配天地；天是最高规定性，但是天不自言，所以需要斯文在兹，由有觉悟的人来承担"赞天地之化育"（《中庸》）的任务，也就是主动完成天地之意旨的使命。这完全不同于奥古斯丁主义的"神恩独作论"（monergism），倒有些类似于加强版的阿民念主义的"神人合作论"（synergism）。也就是说，人是在外部设立的恩典（天命）的前提下工作的，而且这个工作还可以反过来成就天命。不只是"天降大任于斯人"（孟子），斯人甚至还可以"为天地立心，为生民立命"（张载）。这种伟大的使命感，才是中国文化传统中道德自觉性的源头。

进一步说，中国文化并不缺乏对"罪性"的强调。《尚书》所谓"人心惟危，道心惟微"，朱熹注释的时候说"二者杂于方寸之间，而不知所以治之，则危者愈危，微者愈微，而天理之公卒无以胜夫人欲之私矣"。这都是很清醒的认识。但是，除非承认人的完美被造和主动堕落，否则"罪性"，也就是人性的弱点，本身并不是罪，反倒是"人性可以进一步完善"这种乐观主义信念的前提。所以，同样是道德进步，中国传统中的根本动力并不建立在"罪感"或者"耻感"上，而是建立在"天命"意识上。《中庸》里说的"天命之谓性，率性之谓道，修道之谓教"，正是把"天命"当成是人性的原点。

进一步说，这个"天命"，不是来自人格神的断言式诫命，而是需要自我发现的。从存在论的角度来说，是先有天命之性，再有率性修道之教的；但是从认识论的角度说，反倒是先有学习与受教，再来认识作为前提的性与天命的。

比如，孔子说君子要"畏天命"，又说"小人不知天命而不畏也"（《论语·季氏》），但同时他也说"五十而知天命"（《论语·为政》）。这显然并不意味着，孔子在五十岁之前都是不畏天命的小人，而是说，先要有一个有关天命的信念，产生敬畏感，然后才有认识天命的动力，最后才能达到认识天命的结果。而且这个过程是思与学的合一，既不是完全的反躬内省，也不是完全的诉诸外物。套用中世纪基督教哲学的说法，天命，既是先于（存在论），又是后于（认识论），同时也是寓于（就认识过程而言）具体人性之中的。

从这个意义上说，"天命之谓性"，既可以是不自觉的原因，人类的共同秉赋；又可以是自觉的结果，君子乃至圣人才能达到的境界。达到这种境界，有了这种自信，才能说出"天之将丧斯文也，后死者不得与于斯文也；天之未丧斯文也，匡人其如予何"（《论语·子罕》）这样的话来。需要注意的是，作为"知

<<< 第五章 余论：儒耶道德自觉性的特殊模式

天命"的人，孔子即使自认"斯文在兹"，也并没有断言天命必当如何，没有像"我欲仁斯仁至矣"（《论语·述而》）那样，把信心建立在无条件的道德自觉性上，① 而只是以推测的形式，表达了一种充满信心的期待，而这正是宗教性的敬畏的本质。

综上，我们可以得出一个结论，中国人之所以可以在"罪感"与"耻感"之间，为道德必然性找到另外的依据，关键就是这个儒家特有的"天命"观念。由于天命的存在，人才有了使命感。而且，不同于自上而下的宣召式的"天职"（calling），这种使命感是要自己去寻找和建立的。所以，天命不只是人性的起点，同时也是人性的终极目标。不仅是圣人如此，普通人亦当如此。当孟子说"舜人也，我亦人也"（《孟子·离娄下》）的时候，就是这个意思。

由此推论，所谓的"忧患意识"和"乐感文化"，也都可以被视为这种使命感的副产品。比如孟子的"终身之忧"，是达不到舜的修为境界。而《论语》反复提到"仁者不忧"（《论语·子罕》《论语·宪问》），"君子不忧"（《论语·颜渊》），也是"忧道不忧贫"（《论语·卫灵公》）之谓。儒家的忧与乐，是"乐以天下，忧以天下"（《孟子·梁惠王下》），也就是指向外部而非指向个人内心，指向世俗而非指向神圣，因为它本身就具

---

① 在面对天命的时候强调无条件的道德自觉性，固然可敬，但这就不是"畏"了。比如《白虎通义》里的"天之将丧斯文也，乐亦在其中矣"（《白虎通义·礼乐》），话就说得太过，不太像孔子的原义。同样，如果只是把天命理解为客观规律，那就会像荀子那样倡导"制天命而用之"，也就失去了敬畏的意义。

173

有神圣的使命感，所以并不需要"耻感"或者"罪感"作为驱动力。

这种忧与乐的统一，正是儒家道德自觉性的重要特征。在这个问题上，李泽厚的"乐感文化"之说，只抓住了一个方面。他提出这个概念，是因为觉得不管是"耻感文化"还是"忧患意识"，都没有摆脱"罪感文化"这个概念的窠臼，而真正与"罪感"形成鲜明对立的，是中国文化中乐观向上，注重世俗世界情感本体，少有彻底悲观主义论调的整体面貌。① 这个说法当然言之有据，但它忽视了"忧患意识"与"乐感文化"在儒学传统中的一体两面性。对这一点，王富仁正确地指出，中国人的悲剧意识并不少于西方，而所谓乐感文化，其实是"通过抑制激情、抑制悲剧精神的方式建立起来的"。也就是说，说中国文化是"乐感文化"并不算错，但是需要注意，这是一种有悲剧意识而无悲剧精神，建立在忧患意识底色上的乐感文化。②

应该说，王富仁的阐发补足了李泽厚的缺环。因为，单是比较两个文化中的乐观与悲观因素，是远不足以得出"乐感"抑或"罪感"的结论的，甚至都比不出哪一个更加乐观或者悲观。比如说，"相信人性的根本败坏"固然可以论证基督教比儒家更悲观，但是"相信存在永福的天国"，岂不是同时也可以说明，前者比后者更乐观？

---

① 李泽厚. 新版中国古代思想史论 [M]. 天津：天津社会科学出版社，2008：247.
② 王富仁. 悲剧意识与悲剧精神 [J]. 江苏社会科学，2001（1）.

而正如王富仁所言，问题的关键并不是悲剧意识，而是悲剧精神，也就是自不量力地与确定不移的东西进行抗争的激情。这种激情，在古希腊表现为自由意志与命运的注定失败的冲突，在基督教的历史上则表现为忏悔的意志与注定堕落的人性原罪的斗争。它既是极苦的，又是极乐的。吊诡的是，也许正是因为中国人的悲剧意识更强烈，反而会更自觉地从解决，而非从激发悲剧精神的角度去想问题。道家的清静无为，儒家的天人合一，都是在试图弥合矛盾，淡化激情。只是儒家除了顺应自然之外，还有强调"天行健"的有为的这一面。

以此而论，"乐感文化"这个说法不是不能用，但是需要进一步界定。事实上，所谓"乐感"，并不直接来自不谈超验世界、注重实用理性和情感本体这些特征，而是直接以"使命感"为依托的。无论是"学而时习之，不亦说乎"还是"发奋忘食，乐以忘忧"，无论是"饭疏食饮水，曲肱而枕之，乐亦在其中矣"，还是"好之者不如乐之者"，儒家在谈到快乐的时候，大都是从使命感出发的。否则的话，就要考虑是否"乐而不淫"，是否"不可长处乐"了。也就是说，在儒家看来，唯一合法的快乐，是自我成就的快乐，而这种快乐又并非来自自我意志的彰显（否则就又是悲剧精神了），而是自我与自然（天命）的圆融。所谓教化，就是帮助你发掘出这种先天的圆融。

从另一方面说，"天命"意识带来的使命感，不只是指向"天人合一"这样的终极目的，同时也是道德修养的起点。在儒家看来，道德的源头既不是神的诫命，也不是他人的眼光，而是人的自然秉赋。所以在探讨到道德的最根本问题，也就是道德的必然性和根本驱动力的时候，儒家一向是诉诸内省的。

比如说，孔子面对宰我对"三年之丧"的质疑，并没有施加情境压力，也没有诉诸外在权威，而是问他："于女安乎？"即使在对方给出"安"这样毫不留情面的回答之后，他当面也只是说"女安则为之"。等宰我走后，才给了一个"不仁"的评价。（《论语·阳货》）

"安"这个概念，在孔子那里是非常重要的，比如"察其所安"（《论语·为政》）、"仁者安仁"（《论语·里仁》），都是在讲它的根本性。因为"安"是"为仁由己"（《论语·颜渊》）的最终指向。进一步说，"安"的主体是"心"，所以《孟子》对"心"有特别的强调，把"中心达于面目"（《孟子·滕文公上》）的那些最本能的，最难以否认的道德情感，当成是仁义礼智的发端，这是一个自然的理论延伸。

可是，这并不意味着儒家的道德自觉性只建立在内在性上。

<<< 第五章 余论：儒耶道德自觉性的特殊模式

孟子所谓性有命则不谓性，命有性则不谓命，① 就是在强调，内在的欲求（性）与具有外在必然性的规范（命）是不可分的。欲求如果具有普遍必然性，也就不再只是"性"的问题；外在的规定性如果与人心直接相关，也就不只是"命"那么简单。就道德而言，虽然道德可以被理解为先天的和外在的规定性，但它毕竟需要内在的接受和后天的主动学习。所以，虽然站在天的角度来说这是"命"，但是站在人的角度来说，则是"君子不谓命也"。"圣人"和"天道"本来就是互证的，正如道德与自然是互证的，抽象的仁义礼智与具体的行为是互证的一样。

总之，性与命、内与外、天与人、心与物、绝对与相对，其实都是统一的。正因为如此，熊十力所谓"中国先贤发现天地万物一体之义，盖从一切人皆有仁心而体会得来"② 的说法，反过来讲也对，那就是"中国先贤体会一切人皆有仁心，亦是从天地万物一体之义推论而来"。而他的弟子牟宗三所谓"天道贯注于

---

① 原文是："口之于味也，目之于色也，耳之于声也，鼻之于臭也，四肢之于安佚也，性也，有命焉，君子不谓性也。仁之于父子也，义之于君臣也，礼之于宾主也，智之于贤者也，圣人之于天道也，命也，有性焉，君子不谓命也。"（《孟子·尽心下》）程子注曰："仁义礼智天道，在人则赋于命者"，也就是把道德规范等于天道，又把天道等于"命"。有意思的是，按照"仁之于父子，义之于君臣、礼之于宾主也，智之于贤者"这个排比的语序，孟子接下来本来应该说"天道之于圣人"，可他说的却是"圣人之于天道"。朱熹在没有给出任何证据的情况下，在集注里臆测这个"者"可能是"否"，"人"可能是衍字，显然是觉得原文说不通。也就是说，他觉得原文应该是"智之于贤否也，圣之于天道也"——只有"仁、义、礼、智、圣"分别指向"父子、君臣、宾主、贤愚、天道"，才算是正确的逻辑对应关系。朱熹的这种解读，形式上的确更严格了，却不一定有必要。因为圣人和天道是互证的，谁先谁后都说得通。
② 熊十力. 明心篇 [M]. 北京：中华书局，1994：126.

人身之时，又内在于人而为人的性"，① 也一样可以反过来讲，也就是孟子在谈到"善养吾浩然之气"时所说的"以直养而无害，则塞于天地之间"（《孟子·公孙丑上》）。

而这就又涉及一个更核心的问题：儒家的这种道德自觉性，是超越性的吗？如果不是，它就仍然还是建立在"耻感"意义上的，如果是，使其具有超越性的到底是什么？

显然，所谓"罪感文化"的道德感是外在而且超越性的，因而也是绝对的；相较而言，所谓"耻感文化"的道德感，则是外在而非超越性的，因而也是相对的。但是对于兼具无神论和德性论特征的儒家而言，情况就比较复杂。是以新儒家另辟一条"内在超越性"来解决这个问题。② 但是也有人指出，追求"超越性"，本来就是西方文化的特征，即使前面加个"内在"，也仍然是在西方的话语体系里说话。比如李泽厚的"情本体"，安乐哲的"过程哲学"，都是在试图取代"超越性"这种表述。③ 还有学者更是直接认为，新儒家讲"超越性"，不是从儒家本身的议题发展出来，而是迫于基督教和佛教的压力，非要把儒家也当成

---

① 牟宗三. 中国哲学的特质 [M]. 上海：上海古籍出版社，1997：21.
② "内在超越"和"乐感文化"这两个说法在学术界的流行，都是始于20世纪80年代，这与国际视野的比较和对话是分不开的。
③ 参见胡伟希，田超. 儒学的"内在超越性"与"历史总体"问题 [J]. 河北学刊，2011（2）.

<<< 第五章　余论：儒耶道德自觉性的特殊模式

宗教不可。① 应该说，无论新儒家在讲"内在超越性"时能否自圆其说，这种对于动机的质疑都是无法否认的。②

所以，回到问题的原点，关键并不是"儒家是否具有（西方哲学意义上的）超越性"，而是"当儒家试图确认自己具有这样一种超越性的时候，到底是基于什么目的？"以本章所提出的视角而言，"内在超越性"（笔者并不想争辩这种说法是否正确）的意义，是为了在"罪感"之外，找到一种既能论证道德的绝对普遍性，又不需要引入至上人格神作为保障的思路。而中国文化之所以既不是"罪感文化"，也不是"耻感文化"，就是因为这种"内在超越性"。

换句话说，中国人的道德观念，既非基于绝对的上帝，又非只是基于相对的他人，同时也并不是如康德所说纯粹自由意志的自律，而是源自既绝对（就天命不以个人意志为转移而言）又相对（就天命不主动对人言说，而是需要个人自己领悟而言）的自然。在这个自然面前，自我既是被给定的（命），又是能动的（性），这也正是"使命感"之所以崇高的原因所在。康德所谓头顶的星空和内心中的道德法则，在儒家眼中本来就是一回事。

---

① 比如郑家栋就认为，"此与来自基督教和佛教方面特别是前者的刺激与挑战有关"（郑家栋．超越与内在超越——牟宗三与康德之间［J］．中国社会科学，2001（4））。任剑涛亦持此论。任剑涛．内在超越与外在超越：宗教信仰、道德信念与秩序问题［J］．中国社会科学，2012（7）．

② 吊诡的是，否认儒家的超越性，并不一定是因为"以西解中"，反倒有可能恰恰是因为拒绝"以西解中"，认为儒学的"超越性"这个所谓的问题，本来就是随西方范式起舞的结果。

179

总之，在西方的话语体系中，道德的根基要么是与绝对的上帝对应的"罪感"，要么是与相对的他人对应的"耻感"。但是儒家的道德自觉性，则是以"天命"意识为基础，在自然（根本善性）—自我（道德自觉）的关系里建构的，兼具绝对性和相对性的特殊体系。因此严格来说，"罪感文化""耻感文化"乃至"乐感文化"的分析模式，都是不适用的。这也正是为什么，当我们套用这些概念来反观儒家精神的时候，经常会出现错位感的原因。归根到底，回到"养气"与"称义"这两条主线，在各自的语境里按照其原本的进路展开研究，才是进行儒耶比较的正确方向。